Fuoriscena

Teatro indipendente a Milano

Paolo Giorgio

Fuoriscena
Teatro indipendente a Milano
di Paolo Giorgio

In copertina: Teatro delle Moire, *NeverNeverNeverland*

www.postmediabooks.it
isbn 978-88-7490-310-8

Nota dalla città immobile

Il 9 marzo 2020, il Presidente del Consiglio Giuseppe Conte annuncia l'inizio del lockdown su tutto il territorio italiano, come misura estrema di contrasto al rapido diffondersi del virus Covid-19. Teatri e luoghi di cultura erano già stati chiusi da diversi giorni. Le strade di Milano si svuotano, offrendo alla vista un surreale paesaggio distopico. Pochissime le auto e le persone per le strade, fatte salve le lunghe file davanti ai supermercati. Col passare dei giorni le polveri sottili calano sensibilmente e, nelle rare uscite, sembra di respirare aria di montagna.

Per gli artisti la chiusura dei teatri è un trauma. Attori, danzatori e registi si riversano sul web, realizzando un'enorme quantità di dirette sui social network. Nascono progetti interessanti, ma si percepisce anche una certa isteria, l'ansia di restare illuminati da un qualsivoglia riflettore: si susseguono serialmente letture di poesie o frammenti di romanzo improvvisate al tavolo della cucina. Qualcuno, proponendo seminari pratici o cicli di lezioni teoriche, riesce anche a monetizzare il tempo speso in rete.

La verità è che il blocco del mondo dello spettacolo si abbatte su un settore estremamente fragile e privo di adeguate tutele. La famosa frase di Giuseppe Conte, che allarga i contributi di ristoro anche "ai nostri artisti, che ci fanno tanto divertire, ci fanno tanto appassionare", resta come un segno tangibile della bassa considerazione in cui è tenuto, a livello governativo, il comparto culturale.

La questione delle indennità è poi la fotografia della spaccatura sistemica presente in Italia fra le strutture teatrali e gli artisti che ne dovrebbero costituire il cuore. Sebbene i teatri abbiano rescisso i contratti stipulati con gli artisti per la seconda parte della stagione 2020, i contributi ministeriali gli sono stati confermati interamente. Tranne qualche felice eccezione (come, a titolo di esempio, il Teatro delle Albe, che ha corrisposto i cachet alle compagnie programmate al Teatro Rasi di Ravenna, sebbene gli spettacoli fossero saltati, e ha donato i fondi extra di emergenza ricevuti a compagnie ritenute meritevoli) le strutture hanno in generale ricevuto fondi pubblici a fronte di nessuna attività. Agli artisti iscritti al fondo di previdenza dei lavoratori dello spettacolo sono stati invece riconosciute indennità di circa seicento euro mensili, a fronte di almeno sette giornate lavorative svolte nell'anno precedente.

È evidente che una persona, se lavora sette giornate in un anno, o lavora in nero o è disoccupata. È anche evidente che la stessa cifra, insufficiente, è stata data sia a chi poteva produrre sette giornate lavorative sia a chi ne poteva produrre magari centoventi, secondo una logica inspiegabilmente sganciata dal reddito. Molti artisti e tecnici teatrali, in seguito alla chiusura dei teatri, hanno dovuto cercare un altro lavoro; altri, hanno guadagnato coi ristori più di quanto avessero mai messo insieme in un anno. In mezzo, una grande quantità di persone ha visto, forse per la prima volta con questa chiarezza, l'assoluta iniquità delle leggi che regolamentano il lavoro nello spettacolo: le prove non pagate o pagate a forfait, che riducono le giornate ufficialmente lavorate; l'impossibilità di far riconoscere come giornate lavorative il tempo impiegato nella formazione, erogata o ricevuta; un contratto nazionale che non recepisce la natura intermittente del lavoro in teatro.

A livello economico, la pandemia si è abbattuta soprattutto sulle realtà medio piccole, quelle tradizionalmente meno sostenute dal sistema dei finanziamenti, ma maggiormente impegnate in un lavoro di promozione culturale sul campo, a stretto contatto con i territori. Si è abbattuta con particolare intensità soprattutto sul teatro indipendente.

Milano è una città che vive di velocità, di connessioni, di eventi, di progetti. Il sistema teatrale cittadino è un unicum sul territorio nazionale. Sono presenti i due teatri italiani più importanti a livello internazionale, il Piccolo Teatro e il Teatro alla Scala. Sono presenti teatri pubblico/privati solidi sia dal punto di vista artistico che da quello economico, come il Teatro Franco Parenti, il Teatro dell'Elfo, la Triennale Teatro Milano, MTM Manifatture Teatrali, e teatri privati con un alto numero di posti, come il Teatro Manzoni e il Teatro Carcano. Ci sono sale che si sono dedicate negli ultimi anni alla ricerca sulla drammaturgia contemporanea, come il Teatro Filodrammatici o Teatro i, spazi ibridi sperimentali come ZONA K, e una quantità di altre realtà, tra i cento e i duecento posti di capienza, estremamente attive sul territorio. La maggior parte di queste strutture è inserita nel sistema delle Convenzioni Teatrali del Comune di Milano: nato nel 1989, questo non è

Teatro delle Moire, *NeverNeverNeverland*, 2010. Foto di Lucia Puricelli

soltanto una garanzia rispetto all'erogazione di contributi economici, ma un segno concreto dell'importanza che riveste la scena teatrale cittadina per l'amministrazione comunale.

Sempre a Milano, sono presenti tre scuole di teatro di livello nazionale, la Scuola del Piccolo Teatro, la Civica Scuola di Teatro Paolo Grassi, l'Accademia dei Filodrammatici; oltre a un numero imprecisato di altre scuole che erogano formazione a numeri importanti di allievi.

La forza del sistema teatrale milanese è sempre stata il pubblico, numeroso, trasversale, interessato; e l'apertura internazionale, il sentirsi parte di una metropoli europea, di un incrocio di visioni, esperimenti e nuovi modelli culturali che, seppure a volte un po' sbiadito, continua a far parte dell'identità della città. La forza del sistema teatrale milanese è stata anche, e soprattutto, la sua ricca scena indipendente.

Nel cuore della notte un cammino politico e poetico dal tramonto all'alba, 2019
Courtesy Teatro delle Moire

Questo libro nasce proprio per raccontare alcuni di quei percorsi sotterranei, a volte visibili in superficie come eruzioni, a volte al lavoro sottotraccia come falde acquifere, che sono nati e si sono sviluppati al di fuori dei circuiti ufficiali. È molto difficile dare una definizione di "teatro indipendente", anche perché, in generale, chiunque abiti il teatro come professione finisce per relazionarsi con finanziamenti pubblici o con spazi di rappresentazione ufficiali. Ci sono però caratteristiche che accomunano queste realtà, come specifiche modalità di approccio alla scena, l'abitudine alla trasversalità dei ruoli, la varietà degli interlocutori, le strategie di finanziamento, e non ultima una certa, indomita, libertà. La scena indipendente ha arricchito Milano sia per il suo instancabile lavoro sul territorio sia come incubatore di nuovi modelli organizzativi ed artistici.

Alla base di questo scritto c'è l'idea che la pandemia possa essere uno stimolo per ripensare modalità, strutture e finalità del fare teatro; e la consapevolezza che, per ripensarsi, occorra prima di tutto fare uno sforzo di conservazione della memoria. Se da un lato Milano, in Italia, sembra l'avamposto più avanzato dove occuparsi di teatro, dall'altro, come d'altro canto in tutto il Paese, certi meccanismi sembrano da tempo logori e inceppati, in particolare nella capacità di leggere le sperimentazioni più innovative e di dar loro una risposta che gli permetta di consolidarsi e di fare sistema.

Il libro nasce da diverse ore di interviste, realizzate durante il lockdown o subito dopo, alcune in presenza e altre da remoto. È il racconto, attraverso la voce degli artisti, di quanto è rimasto fuoriscena, prima dell'inizio degli spettacoli e dopo, terminati gli applausi. Si cerca non solo di capire le ragioni di certi modi di fare e di intendere il teatro, ma anche di esplorare le difficoltà, gli ostacoli e i fallimenti che la realizzazione dei vari progetti ha comportato. Accanto alle vittorie ci sono poderose sconfitte, e il costante rischio di veder spegnersi una ricchezza di stimoli e di visioni che sono la pietra angolare di un teatro veramente contemporaneo.

L'idea iniziale era quella di occuparsi di un periodo compreso fra due eventi tragici ed epocali, il crollo delle Torri Gemelle l'11 settembre 2001 e l'inizio del lockdown a marzo 2020. Questa fascia temporale resta un riferimento, ma è andata allargandosi sia in avanti che indietro. Sono anni in cui si susseguono enormi cambiamenti, basti pensare a come è mutato il rapporto con il pubblico e con la comunicazione con l'avvento della rete e dei social network.

Il libro non ha alcun intento critico e nemmeno velleità storiografiche o di completezza: segue un percorso che, in una visione assolutamente personale, sembra avere un senso.

Questo lavoro è idealmente rivolto a chi, oggi, vuole iniziare a fare teatro: per dire che, sì, ha senso farlo; che, sì, è una strada molto difficile; e infine che, sì, si può fare.

Teatro della Contraddizione, *King Edward the Second*, 1998

Che cos'è un teatro indipendente
La Contraddizione

Se si prova a immaginare come deve essere un teatro *off*, viene in mente uno spazio con le pareti nere, una sola stanza, con il pubblico ammassato a poca distanza dagli attori, niente palcoscenico, preferibilmente ricavato in un seminterrato. Se si vuole vederne uno, a Milano basta percorrere una strada privata in zona Porta Romana, via della Braida, scendere sotto il livello dell'asfalto per una stretta scaletta di metallo ed entrare al Teatro della Contraddizione.

Varcando la soglia ci si trova in un piccolo foyer, arredato con gusto vagamente berlinese, in epoca pre-pandemia spesso pieno di persone in attesa dell'inizio dello spettacolo programmato, spalla contro spalla, in mano bicchieri di vino rosso non certo di ottime cantine. Da una spessa tenda si accede alla sala, pareti nere, spazio ampio, una piccola platea da 98 posti, spostabile a seconda delle esigenze sceniche, a volte cuscini per terra, per garantire una migliore visibilità a chi dietro è riuscito a conquistare una sedia.

Il Teatro della Contraddizione abita questo spazio dal 2000, ma è stato fondato molti anni prima, nel 1991. Marco Maria Linzi ha appena terminato il primo anno di studi alla Civica Scuola di Teatro Paolo Grassi, allora molto più simile a una bottega artigiana che all'attuale assetto universitario rigidamente strutturato. È fatto divieto agli studenti di accettare lavori esterni mentre frequentano i corsi, ma, nonostante ciò, con alcuni compagni, Linzi allestisce uno spettacolo fuori dalla scuola e dà vita a una compagnia. Riceve una lettera dalla direzione che gli intima di chiuderla immediatamente, pena l'espulsione.

"Alla fine non ho chiuso il Teatro della Contraddizione, e loro non mi hanno espulso", dice Marco Maria Linzi. "Sono entrato a scuola a 26 anni, intorno c'erano solo ventenni che sognavano il teatro, erano proprio invasati. Io ero lì un po' per caso, prima di tentare la selezione non mi era mai passato per la testa di occuparmi di regia. Il fatto di sentirmi inadeguato, in un territorio che non mi appartiene, mi insegue da allora, è stato il mio fantasma. Mi sento sempre straniero, in qualche modo. Forse è stato anche il mio valore, la sola moneta che avevo da spendere".

Il primo assetto della compagnia è composto da compagni di classe. Oltre a Linzi, ci sono Sabrina Faroldi, ancora oggi nell'organico, e Andrea Lanza. Nei primi lavori è presente un giovanissimo Corrado D'Elia, che avrebbe in fretta preso altre strade, fondando il Teatro Libero e la Scuola Teatri Possibili. Dopo un anno, entra a far parte del gruppo l'attrice Micaela Brignone, anche lei tuttora parte integrante dell'ensemble.

"La compagnia è andata avanti perché fin da subito abbiamo avuto una scuola", dice Linzi. "Ai tempi non c'era tutto questo proliferare di centri di formazione piccoli, medi e grandi. Avevamo addirittura chiamato a insegnare da noi alcuni professori della Paolo Grassi, come Gaetano Sansone e Luciana Melis. All'inizio la scuola era una sorta di condizione sine qua non, era necessario per essere indipendenti, per non dipendere dallo spettacolo. Si poteva fare ricerca perché nella scuola non dovevamo conformare il nostro linguaggio a un riscontro immediato. Col tempo ho capito di aver bisogno di persone coraggiose, più che di persone strutturate. Ogni volta che ho lavorato con persone già formate, quando ho fatto dei provini, ho sempre incontrato una grande resistenza nel mettersi totalmente in gioco. Col tempo la formazione si è fusa strutturalmente alla produzione. Prendiamo un'unica classe ogni anno, e con loro creiamo uno spettacolo. È una pratica che costringe soprattutto me a ricominciare sempre da capo".

Il primo spettacolo del Teatro della Contraddizione è *Danton, la mort*, tratto dal testo di Büchner. Viene rappresentato al Teatro Out Off, in una rassegna indipendente intitolata *Memorie dal sottosuolo*. Poi viene messo in scena nel periferico Teatro Ringhiera, dove Marco Maria Linzi realizzerà i primi spettacoli del gruppo, insediandosi nella sala in modo semi-abusivo, pagando un subaffitto alla compagnia che lo gestiva in quegli anni. Dallo spettacolo viene tratto un lavoro video che vincerà il Premio Riccione TTV, dedicato alle declinazioni per lo schermo degli spettacoli dal vivo.

"Abbiamo sempre avuto una sala", dice Linzi. "Non siamo una compagnia di giro. Ci abbiamo provato, siamo stati al festival di Chieri, a Opera Prima a Rovigo, ma a noi interessava stare in sala e fare ricerca. La necessità

Teatro della Contraddizione, *King Edward the Second*, 1998

di avere uno spazio era legata alla simbiosi fra compagnia e scuola, ma era soprattutto la possibilità di entrare all'ora che volevi, iniziare le prove quando serviva e andare avanti tutta la notte se lo sentivi necessario. La casa è un elemento che ti protegge. Non devi rendere conto a nessuno. Ancora adesso, dopo tanti anni, se pensiamo che lo spettacolo non sia pronto, non andiamo in scena, anche se abbiamo fissato e comunicato la data, anche se abbiamo già stampato i volantini".

Il lavoro del Teatro della Contraddizione oscilla fra la tentazione monastica di chiudersi in un deserto, praticando la scena senza contatti col mondo, e l'aprirsi allo scambio con altri artisti e con una comunità di spettatori. Se nei primi anni di vita ha prevalso un programmatico isolamento, col tempo l'incontro con l'altro è diventato sempre più importante. La trasformazione è legata a ragioni formali, scatenate da accadimenti concreti. Accade che la compagnia sia costretta a lasciare il Teatro Ringhiera e a cercare un altro luogo in cui continuare a lavorare. Si insediano in quello che chiameranno "un teatro col citofono", perché materialmente, per entrare, era necessario citofonare. Lo spazio è in condivisione con la redazione di una rivista di psicoanalisi. In questo assurdo palcoscenico, accettabile solo per una viscerale esigenza di andare in scena, gli spettatori sono talmente vicini da abbattere ogni possibile quarta parete. La compagnia gioca su questa presenza senza negarla. Lavorando su Pirandello, preferisce rompere gli argini della relazione e coinvolgere il pubblico nell'azione scenica. In *Edoardo II*, da Marlowe, smonta le pareti divisorie e riempie il pavimento di terra, ragione per cui viene immediatamente cacciata dai proprietari dello spazio. Spinto dalla necessità di darsi una collocazione definitiva il Teatro della Contraddizione approda alla sua sede attuale.

La gestione di una sala, oltre a fornire un luogo di lavoro stabile e una sede per la scuola, apre alla compagnia la possibilità di ospitare altri artisti e di comporre una stagione. Probabilmente è sempre la percezione di una radicale estraneità, il sentirsi costantemente in scarsa affinità con i propri colleghi, a spostare lo sguardo di Linzi al di fuori dai confini nazionali. Andare all'estero, sperando di trovare qualcuno di cui scoprirsi parente. C'è un programma che organizza residenze per giovani artisti, *Pépinières Européennes pour Jeunes Artistes,* a cui Linzi si candida ottenendo un modesto aiuto economico. Deve scegliere come destinazione la Francia o la Romania degli anni Novanta. La congenita vocazione alla marginalità non gli concede alternative.

"Nel teatro che vedevo in Italia, per me mancava sempre un'urgenza", dice Linzi. "Sono andato a questo festival a Bistrita, nel nord, oltre la Transilvania, dove ho incontrato un teatro che quell'urgenza l'aveva, per una ragione concreta, perché in quel periodo veniva bombardato dalla NATO. Era una compagnia di Belgrado, l'*Ister Teatar.* Li ho visti recitare e ho chiamato al telefono i miei compagni in Italia, dovevi ancora riempire di monetine un telefono pubblico, ho detto che dovevamo fare questa cosa, dovevamo portarli a recitare a Milano".

Questa ospitalità internazionale è il primo atto di un progetto che il Teatro della Contraddizione avrebbe portato avanti per anni, la *Stagione sperimentale europea.* Oggi, in un regime di relazioni internazionali consolidate e possibilità d'accesso a fondi europei, è abbastanza consueto che anche spazi indipendenti, privi di sostegno pubblico, invitino colleghi

Teatro della Contraddizione, *Café Berlin*, 2017. Foto di Daniela Franco

stranieri a lavorare a Milano. Quando la Contraddizione dà vita a questa programmazione i pochi spettacoli dall'estero sono visibili al Piccolo Teatro, generalmente interni al circuito dei Teatri d'Europa, o al Teatro CRT, oggi Triennale Milano Teatro, nei quali comunque approdano nomi già ampiamente consolidati.

La collaborazione con l'*Ister Teatar* si rinnoverà per molti anni, confermando la vocazione del Teatro della Contraddizione a coltivare le affinità nel tempo. Vista la carenza di fondi viene scomodata Ivana, un'amica, parte della comunità serba in città, che riesce a smistare i membri della numerosa compagnia di Belgrado, trovando loro ospitalità in casa di vari connazionali. Quasi tutti i progetti del Teatro della Contraddizione non guardano alle economie, cominciano perché sembra giusto perseguire un'idea, e vengono realizzati superando uno ad uno gli ostacoli che si presentano, nel momento in cui si presentano.

"Come abbiamo fatto a sostenerci? Non lo so", dice Linzi. "Abbiamo imparato a fare di tutto. Ognuno di noi ha almeno due ruoli. Dal facchino al sognatore. Sono andato a vivere sul Lago Maggiore anche perché non posso permettermi una casa a Milano. Piuttosto che fare cose che non mi appartengono, solo per pagare un affitto in questa città, preferisco fare avanti e indietro ogni giorno".

Dal 2014 il Teatro della Contraddizione comincia in ogni caso a considerare l'economia come un mezzo per fare meglio quello che fa. Le compagnie e gli spazi che non godono di un finanziamento pubblico strutturato (che comunque a fronte del sostegno costringe a produrre attività spesso insostenibili a livello quantitativo) si rivolgono in genere ai bandi promossi da enti pubblici e fondazioni. Negli ultimi anni, in Italia, si è assistito a un autentico abuso di questo strumento: vengono aperti di continuo bandi che chiedono ad artisti (perlopiù giovani) di affrontare percorsi di selezione a proprie spese, per ricevere in cambio inserimenti in stagioni teatrali con compenso a incasso, o residenze creative con contributi alla produzione che non arrivano nemmeno a coprire i viaggi per raggiungerle. Esistono, per fortuna, anche percorsi di residenza strutturati a cui vale la pena applicare. Molto teatro indipendente lombardo deve la realizzazione dei propri progetti al lavoro di sostegno alla cultura di Fondazione Cariplo, ente attraverso il quale anche il Teatro della Contraddizione ha potuto finanziare diverse operazioni.

"Una realtà può essere indipendente nel momento in cui è tra virgolette istituzionalizzata e riceve finanziamenti pubblici?", dice Linzi. "È difficile capirlo. Perché quando sei agganciato devi rispondere a una serie di requisiti, e allora bisogna vedere quanto questi requisiti trasformano il tuo agire. La parola indipendenza dovrebbe essere declinata anche rispetto al tuo impegno culturale; se il tuo impegno è quello di semplificare, di commercializzare l'opera, non sei indipendente per niente. Avevamo bisogno di soldi perché volevamo creare delle occasioni festose, ibride, far esplodere i linguaggi a cui eravamo abituati e andare oltre lo spettacolo. Di solito un teatro, quando partecipa a un bando, pensa per il 50% alle attività, per l'altro 50% alla propria sopravvivenza, alla struttura. Noi abbiamo sempre pensato al 90% all'attività, mettendo in secondo piano le nostre economie personali. Perché dovevamo sparare molto alto, fare cose che spiazzassero il pubblico, che lo portassero altrove".

Tramite l'accesso a fondi esterni, la Contraddizione realizza quelli che definisce "formati d'arte", in cui la rappresentazione fa un passo indietro, per innescare l'interazione fra gli spettatori e per creare un senso di comunità in sala. Uno di questi è *Milano Calling*, che porta a Milano gruppi musicali dell'underground londinese. I membri del Teatro della Contraddizione sono costretti a imparare sul campo nuovi modelli organizzativi mai sperimentati prima. Ai musicisti riescono a pagare i viaggi e l'ospitalità, gli strumenti vengono procurati su piazza noleggiandoli o chiedendoli in prestito agli amici.

Un altro formato è quello della *Balerhaus*, realizzato in collaborazione con la compagnia di danza contemporanea Sanpapié, diretta da Lara Guidetti. La piccola sala della Contraddizione, liberata dalla platea, viene trasformata in una balera. Il pubblico è invitato a presentarsi vestito a tema. Un'orchestra dal vivo suona classici brani di liscio. Anziani ballerini amatoriali mostrano i passi fondamentali dei vari balli. I danzatori professionisti di Sanpapié coinvolgono il pubblico animando la serata danzante. Marco Maria Linzi, in veste di presentatore, immette nel flusso di musica e sudore testi e provocazioni ispirate a un certo teatro dadaista. Al ballo si alternano numeri teatrali da avanspettacolo. La serata si chiude con una *electro-balera*, che rilegge il liscio attraverso sintetizzatori e drum machines, a cura di Marcello Gori e Saverio Bari.

Anche qui ci si trova di fronte a una sorta di ipertrofia produttiva, che porta a coinvolgere un numero di artisti difficile da vedere perfino sul palcoscenico di un Teatro Nazionale. Il risultato è uno spettacolo in cui i veri performer sono gli spettatori, un teatro popolare, eppure venato da molteplici crepe quasi espressioniste, che lo mantengono nel solco della ricerca della compagnia.

"Quello che tutti riconoscono ai nostri spettacoli è la creazione di mondi", dice Linzi. "Questo al di là del risultato, al di là che piacciano o meno agli spettatori. Si entra in connessione con un lavoro, oppure no. Ma io alla scena chiedo qualcosa che mi faccia esperire un mondo che è possibile abitare. Che sia possibile abitare interiormente, ma anche esteriormente. Nei nostri lavori questo tentativo lo vedi. Quello che succede durante le prove, durante il training, è molto più radicale di quello che vedi in scena. Il nostro lavoro è sempre legato a un'interiorità che esplode all'esterno. Nelle prove questi mondi entrano sottopelle all'attore, e nello spettacolo proviamo a lasciarli filtrare. Ci sono state esperienze estreme, come *Die Privilegierten*, in cui per mesi gli attori si sono allenati semplicemente ad accogliere".

Negli anni il Teatro della Contraddizione è stato perlopiù ignorato dalla critica specializzata e dalle istituzioni. *Die Privilegierten* (2009) è uno spettacolo-mondo che forse, in un altro Paese, sarebbe ricordato in qualche libro di storia del teatro recente. Il lavoro dura circa tre ore, è recitato da oltre venti attori ed è visibile per quattordici spettatori a replica. La sala viene trasformata in una piccola città, con un'alternanza di ambienti separati, comunicanti fra loro. Lo spettatore viene accolto e accompagnato in un autentico viaggio, costellato dagli incontri con i vari abitanti, immerso in un complesso sistema di spostamenti e scene ripetute che funziona come un meccanismo ad orologeria.

Il lavoro è inserito nel programma "Milano per lo spettacolo", che prevede l'assegnazione di due premi per il miglior lavoro, uno da parte della critica e uno da parte del pubblico. *Die Privilegierten* vince il premio del pubblico, sezione che non verrà replicata nelle successive edizioni del premio, forse anche per il risultato deviante rispetto al circuito dei teatri principali della città.

"Ci fu una voce critica importante che scrisse una cosa del tipo: ma dove siamo stati noi, in questi anni, che non abbiamo mai visto gli spettacoli del Teatro della Contraddizione, e adesso vincono il premio", dice Linzi. "Ma nonostante il mea culpa, non sono venuti a vederci nemmeno nei dieci anni successivi".

Il Teatro della Contraddizione è un avamposto culturale in cui è stato possibile assistere a spettacoli di primo piano, che spesso non trovavano spazio su palcoscenici cittadini istituzionali. La stagione sperimentale europea ha ospitato a Milano artisti come Linda Marlowe, musa di Steven Berkoff, i The Urban Playground di Brighton, il Secret Life Theatre di Londra, i Grognon Frères di Montpellier. Una delle più valide compagnie Italiane, Astorri/Tintinelli, ha presentato più spettacoli qui che in ogni altro teatro di Milano. La Contraddizione ha anche dato spazio a gruppi più giovani, come i già citati Sanpapié o i Phoebe Zeitgeist, per sperimentare i propri lavori più personali o rischiosi. Marco Maria Linzi e i membri del gruppo hanno

Teatro della Contraddizione, *Weiss Weiss*, 2019. Foto di Alvise Crovato

l'abitudine di vedere tutte le repliche, o quasi, degli spettacoli che ospitano, e di confrontarsi a lungo con gli artisti su quello che succede in sala, sulle reazioni del pubblico, sul linguaggio scenico.

A livello di configurazione legale, il Teatro della Contraddizione è un'Associazione Culturale. Le leggi vigenti sulle sale di pubblico spettacolo faticano a leggere ciò che devia dalla norma e a fare distinzioni legate alla particolarità di una pratica artistica; un piccolo spazio sotto i cento posti si trova a dover seguire regole e adempimenti non molto diversi da quelli destinati a teatri più grandi, con la differenza di riuscire difficilmente a far fronte ai costi relativi. Per questo agli spettatori che vogliono assistere a uno spettacolo alla Contraddizione, viene richiesto di tesserarsi; le norme di sicurezza e fiscali dedicate a chi programma attività esclusivamente per i propri soci si adattano meglio a realtà di queste dimensioni. La legge vieta di tesserarsi il giorno stesso in cui si partecipa a un'attività associativa; è necessario inviare una domanda, attendere che sia vagliata dal direttivo dell'associazione e, solo dopo il relativo consenso, sarà possibile ritirare la propria tessera.

Una sera, con gli spettatori già seduti in sala, si presentano due ritardatari non tesserati che vorrebbero assistere allo spettacolo. È l'ultima replica, dispiace mandarli a casa, così, contrariamente al solito, gli vengono fatti compilare i moduli e consegnate le tessere. I due spettatori non sono appassionati di teatro, bensì due poliziotti dell'Annonaria in borghese. Viene contestata l'infrazione ed emessa una sanzione pecuniaria. Il teatro viene chiuso. La questione ha risvolti penali e il legale rappresentante dell'associazione, Sabrina Faroldi, deve presentarsi davanti al giudice: dopo vent'anni di attività aperta alla città, subisce una condanna per *esercizio abusivo di locale di pubblico spettacolo.*

La kafkiana catena di eventi innescata dai due tesseramenti fuorilegge non si ferma. Ormai l'attenzione della macchina burocratica dello stato si è accesa sulla piccola sala di via della Braida. Vengono effettuati ripetuti controlli, dopo i quali vengono prescritti vari adeguamenti alle norme di sicurezza vigenti. Il teatro sarebbe in regola, ma una nuova legge prescrive che, sebbene abbia 99 posti, uno spazio che superi i 200 metri quadri di superficie vada comparato a un teatro da 200 posti. Lavori e relative certificazioni costano circa 70.000 euro. Al Teatro viene dato tempo fino al 29 luglio 2020 per mettersi in regola; in caso contrario, la chiusura sarà da ritenersi definitiva.

Nei suoi vent'anni di attività, il Teatro della Contraddizione ha investito più soldi in lavori di adeguamento che nelle produzioni. In Italia si assiste a periodiche revisioni dei protocolli di sicurezza, per cui chi gestisce uno spazio ha la sensazione che non appena finiscono i lavori necessari a rispettarli, sia già pronto un nuovo regolamento che impone nuovi lavori e nuovi costi. Questa pratica non sembra derivare dal desiderio di prendersi cura dell'incolumità degli spettatori, quanto da una strategia utile a far girare la giostra dell'economia reale. Inasprire le prescrizioni senza tener conto delle specifiche caratteristiche dei piccoli spazi culturali significa ucciderli, o impedirgli di nascere. Al Teatro della Contraddizione vengono imposti interventi che hanno qualcosa di surreale. L'ascensore dedicato all'accesso dei disabili viene considerato rischioso in caso di incendio, e va sostituito con una pedana lunga più di venti metri che corre tutto intorno alla sala per permettere l'uscita dal retro, sostanzialmente riducendo uno spazio di rappresentazione già esiguo. È necessario dotarsi di un impianto audio dal quale diffondere un eventuale annuncio di evacuazione, con un numero di altoparlanti che sarebbe ridondante in un teatro da quattrocento posti. Le poltrone devono essere inchiodate a terra, di fatto polverizzando una delle caratteristiche fondamentali di questo spazio, la sua versatilità.

"La critica e le Istituzioni per noi non sono mai state un punto di riferimento", dice Linzi. "Lo abbiamo digerito presto, se ci fossimo fatti condizionare da questo avremmo smesso di fare teatro dal secondo spettacolo. Abbiamo fatto quello che sentivamo giusto fare, lo abbiamo fatto perché era necessario per noi, non ci riteniamo né santi né eroi. Ma quando sai che hai fatto tanto per la comunità, quando hai fatto una serie di sacrifici senza rivendicare nulla, un po' di attenzione la pretendi. A Milano non c'è una comunicazione reale fra i vari teatri, non c'è una comunità che decide al di là dei propri interessi specifici. Potrà anche essere il posto migliore al mondo per fare teatro, ma stanno tutti attaccati a questa torre d'avorio senza accorgersi che continua a sprofondare. Gli unici Teatri che hanno fatto qualcosa per noi, per evitare la chiusura di un presidio culturale, sono stati l'Elfo/Puccini, Olinda e Linguaggi Creativi, con spettacoli di raccolta fondi. Da tutti gli altri, o solo parole, o silenzio. Per fortuna sono venuti in nostro soccorso gli artisti, e il pubblico".

Il Teatro della Contraddizione, che ha cominciato le attività in un mondo in cui, per chiamare qualcuno, dovevi riempire un telefono di monetine sperando che fosse in casa, oggi opera nell'epoca della costante connessione digitale. Si pensa di organizzare una campagna di crowdfunding, ma in Italia sta esplodendo la pandemia di Covid-19, viene annunciato il lockdown di Marzo 2020 e non sembra il caso di farla partire. Dopo circa un mese, mentre nulla si muove, Linzi capisce di non poter più aspettare e lancia la campagna, che in pochi giorni viene rilanciata attraverso i social da artisti, operatori, spettatori. Le donazioni cominciano ad arrivare e in breve tempo permettono di affrontare i lavori più urgenti. Continueranno ad arrivare fino al 18 Ottobre 2020, giorno della riapertura del teatro.

"Quando ho diretto il mio primo spettacolo, *Danton, la Mort*", dice Linzi, "ero affascinato dal lavoro di Pina Bausch, e avevo costruito un linguaggio gestuale che mi corrispondeva molto, e che era nuovo in Italia, originale, in anni in cui il campo della ricerca era occupato totalmente dal Terzo

Teatro. C'era Renato Palazzi alla direzione della Scuola Paolo Grassi, e lui invitava tutti questi grandi artisti del Terzo Teatro, però poi sembrava che bisognasse fare solo quel tipo di lavoro. Il mio secondo spettacolo, invece, fu un fallimento. Credo lo sia stato perché ho cercato di replicare quello che aveva funzionato nel primo, senza rischiare nulla. Tutto il lavoro che ho fatto dopo, in fondo, l'ho fatto per evitare di commettere ancora quello stesso errore. Vogliono che inchiodiamo le sedie al pavimento? Sperimenteremo spettacoli in cui gli spettatori staranno in piedi, immersi nel flusso dell'azione".

Poco prima della chiusura dei teatri e dei luoghi di spettacolo causata dalla pandemia, il Teatro della Contraddizione aveva debuttato con uno dei suoi lavori più maturi, *Weiss Weiss*, dedicato all'autore dello splendido *Jakob von Gunten*, Robert Walser, figura schiva e ritirata, un eremita della scrittura. È interessante pensare che una compagnia nata sotto il segno della separatezza, della ricerca per la ricerca, sia stata soccorsa da quel pubblico che, pian piano, negli anni, ha cominciato ad accogliere nel suo laboratorio. Forse anche per questo, per tenere un contatto con il suo pubblico, il teatro ha ripreso la sua attività, nel pieno della chiusura generalizzata, invitando gli artisti che ospitava nelle sue stagioni a declinare il proprio lavoro in dirette streaming, a cui accedere dietro pagamento di un regolare biglietto. Anche qui, comunque, cercando di imparare un nuovo linguaggio, adattandolo alle proprie crepe, per far filtrare anche in video la radice della propria poetica.

Fare festival

Danae e il Teatro delle Moire

Per chi va a teatro alla ricerca di uno spostamento dello sguardo e di una finestra sui linguaggi del presente, Danae Festival è una tappa obbligata nella geografia dello spettacolo milanese. Un generatore di spiazzamenti e connessioni impreviste, con una predilezione per la danza contemporanea, seguito anno dopo anno da un pubblico sempre più partecipe. Il Festival è promosso dal Teatro delle Moire e vive simbioticamente in rapporto alla compagnia, diretta da Alessandra De Santis e Attilio Nicoli Cristiani.

I due si conoscono nel 1989, entrambi allievi della Comuna Baires di Renzo Casali, compagnia argentina nata da un rifiuto del teatro come arte borghese, che aveva fondato nel 1977 la Scuola di Teatro Cinema e Scrittura proprio a Milano. Campeggiava con orgoglio sui suoi materiali la rivendicazione di non aver mai goduto di finanziamenti pubblici. Senza dubbio la presenza in città di un centro di formazione così irregolare e atipico è stata importante per la nascita di certi prototipi di teatro indipendente.

Alessandra De Santis e Attilio Nicoli Cristiani facevano parte di due gruppi di lavoro diversi, gli unici ad arrivare alla fine della sessione di lavoro presentando qualcosa sul palco. Di quell'esperienza ricordano un certo caos, forse programmatico, certamente incontrollabile; un'anarchia che aveva il vantaggio di lasciare molta libertà, crepe e fessure che aprivano spazi di lavoro autonomo, anche molto serrato. La Comuna Baires aveva sede in Via Santa Radegonda, praticamente accanto al Duomo, in un edificio che oggi ospita parte della Rinascente, e gli spettacoli andavano in scena al cinema Ducale, uno dei più antichi della città. Oggi che una realtà con simili caratteristiche possa occupare spazi così ampi e centrali sarebbe impensabile.

"Dopo quel primo saggio abbiamo fatto un secondo anno, ma eravamo molto critici e abbiamo cominciato a parlare di prendere uno spazio da soli", dice Alessandra. "L'idea era quella di fare autoformazione, continuando a lavorare su quegli aspetti del lavoro che ci interessavano.

E così, con una notevole dose di incoscienza, un nutrito gruppo di ragazzi fonda un'associazione chiamata *Metropolis*, prende uno spazio e comincia a cercarsi dei maestri. L'incontro più folgorante è stato quello con Danio Manfredini, che poi abbiamo seguito per molti anni".

Quando si parla di formazione, nel teatro, ci sono essenzialmente due strade. Una è quella delle Accademie, a cui si accede tramite selezioni affollate e da cui si esce con la certificazione di un percorso istituzionale di studio. Offrono una formazione completa sui vari aspetti del mestiere, preparando professionisti in grado di confrontarsi con diversi committenti e strutture produttive. Li mettono sul mercato, anche se poi molti prendono direzioni di ricerca personali. L'altra via prevede un certo nomadismo, fra seminari brevi o laboratori lunghi selezionati sul territorio nazionale, sempre alla ricerca di un'esperienza specifica, di un incontro. Chi pratica l'autoformazione va alla ricerca di un modo di fare teatro in cui si riconosce, anche se non è ancora in grado di dire esattamente quale sia.

"Ho frequentato tantissimi laboratori", dice Attilio. "All'inizio con chiunque facesse teatro. Quando ho incontrato Danio Manfredini mi sono detto: vai avanti, segui quest'uomo. Ogni volta che Danio nominava una persona, io mi procuravo il contatto. Per esempio, capitava che dicesse: questo esercizio me l'ha insegnato Raffaella Giordano... e io provavo a chiamarla: "ciao, sono uno che non ha una formazione da danzatore, ma mi interessa molto il tuo lavoro"... non c'era mai un problema, venivo accolto subito. Avevo un interesse per il corpo, per il movimento. Ci sono stati altri incontri fondamentali: Abbondanza/Bertoni, gli MK di Michele di Stefano e Biagio Caravano. E Monica Francia, che ha significato davvero molto per me. Per noi la formazione non è mai terminata, continua ancora oggi, per esempio seguendo il lavoro di Cinzia Delorenzi. Con Alessandra siamo diventati anche gli organizzatori dei laboratori di questi artisti a Milano. Continuavamo a studiare, e in più avevamo un'entrata, oltre ad aprire una rete di collaborazioni con chi sentivamo affine".

Il gruppo di ex-studenti della Comuna Baires era organizzato in due formazioni distinte, guidate da due registi. Uno, in seguito, avrebbe scelto altre strade, l'altro, Alberto Rondalli, avrebbe cominciato ad occuparsi di cinema. Il gruppo aveva realizzato diversi spettacoli, ma non aveva idea di come farli vedere a qualcuno. Rondalli scioglie l'impasse proponendo di

Teatro delle Moire, *Camille Claudel*, 1997

affittare un teatro e di rappresentarli lì; non soltanto i loro, ma anche quelli di altre realtà, che, come loro, stavano producendo lavori in modo sommerso e al di fuori di ogni ufficialità. C'era l'esigenza di rendersi visibili, ma di non farlo da soli, sia per dare forza a una proposta che veniva da sconosciuti, sia perché fare rete significava aprirsi a un confronto, a uno scambio di visioni, e in ultima analisi a continuare a formarsi. Viene lanciata una sorta di chiamata, con tutte le difficoltà di connessione di anni che non conoscevano internet e la costante reperibilità nella quale oggi siamo immersi.

La rassegna si chiama *Immagini dal sottosuolo*, e va in scena al teatro Out-Off, nella vecchia sede di via Dupré, ormai rimasta soltanto nella memoria di alcuni. Fra gli artisti coinvolti ci sono compagnie che oggi hanno una storia ventennale: Teatro Aperto, che sarebbe diventato Teatro i; il Teatro della Contraddizione, con il loro primo lavoro dal *Danton* di

Büchner; delleAli Teatro, Alma Rosé, Silvia Baldini e Francesca Albanese, che si sarebbero costituite in Qui e Ora, e Paola Manfredi, oggi in Teatro Periferico. L'idea funziona e viene portata avanti per due anni, ricevendo i primi finanziamenti pubblici dal Comune di Milano.

"Non parliamo di chissà quanti soldi, erano cinque milioni di lire", dice Nicoli Cristiani. "Ma per noi erano abbastanza per cominciare. Entri in contatto con un sistema, inizi a relazionarti con le istituzioni, a capire dei meccanismi, e diventa più semplice immaginare nuove azioni. A Milano c'era la Lega, quella Lega di Bossi che faceva anche un po' paura, nell'ondata populista di quei tempi; prima, con la sinistra di quegli anni, eri tagliato fuori, c'era un muro invalicabile, era impossibile accedere ai fondi. La Lega aveva affidato l'Assessorato alla Cultura a Philippe Daverio, che se non altro era un uomo colto. Credo lui cercasse davvero qualcosa di nuovo, per dare l'idea che qualcosa fosse cambiato".

Immagini dal sottosuolo poteva imporsi come vetrina del nuovo teatro in città, ma subisce una sorta di piccolo terremoto quando nel 1996 Antonio Calbi dà vita a *Scena Prima*. Attilio ne parla come di "un primo pugno in faccia". Una manifestazione con gli stessi obiettivi, che arrivava da un contesto istituzionale, con finanziamenti molto più adeguati e tutti i contatti che potevano servire a darle risalto. Nel 1997 da *Scena Prima* nasce *Teatri 90 Festival, la scena ardita dei nuovi gruppi*, che nel corso di cinque edizioni diventa la vetrina del teatro di ricerca "da vedere" a livello nazionale. Per Antonio Calbi questa direzione artistica è il punto di partenza di una carriera che lo porterà a ricoprire cariche di primo piano nel sistema teatrale nazionale (ultime in ordine di tempo, la direzione del Teatro di Roma e la sovrintendenza dell'Istituto Nazionale del Dramma Antico). Per un progetto nato dal basso come *Immagini dal Sottosuolo*, gestito da autentici outsiders della scena milanese, figli soltanto di sé stessi, significa essere spazzati via in un attimo.

La fine di questa avventura si accompagna a movimenti tellurici che minano la stabilità dell'associazione. Alessandra e Attilio sono gli unici convinti di voler fare teatro professionalmente, e per questo hanno cominciato progressivamente a occuparsi di tutto: hanno lavorato negli spettacoli, si sono occupati del festival, del rapporto con gli altri artisti, della comunicazione, del rapporto con l'amministrazione comunale. A un

Teatro delle Moire, *Sante di scena*, 2015. Foto di Michela Di Savino

certo punto, semplicemente, se ne vanno, portandosi via le competenze acquisite. Per due anni si guardano intorno, senza una casa, cercando di capire quale fosse per loro il modo migliore di proseguire. Nel 1997 fondano il Teatro delle Moire.

Il primo spettacolo della nuova compagnia è un lavoro di Alessandra De Santis sulla scultrice Camille Claudel, una riflessione sulla marginalità connessa sia alla condizione femminile, sia a quella dell'artista. Creato il lavoro, il problema è sempre lo stesso, farlo vedere. Anche in questo caso la risposta è autarchica: per far vivere uno spettacolo è necessario costruirgli attorno un ambiente favorevole. Danae Festival nasce dal bisogno di creare ad hoc nuovi spazi in cui incontrare il pubblico, e di non farlo da soli. Dal momento che lo spettacolo nasce da una riflessione sul problema del femminile, ad Alessandra e Attilio pare naturale andare alla ricerca di altre artiste che stessero lavorando sugli stessi temi. Ne trovano molte, sia nell'ambito della prosa che della danza, e questo definisce fin da subito la linea del festival, che non andrà a concentrarsi su un ambito specifico, ma perseguirà piuttosto la contaminazione e l'incrocio fra diversi linguaggi e discipline. Comporre il Festival è un modo di rispondere prima di tutto alla propria curiosità.

"In quegli anni non c'erano contesti, andavano creati", dice Alessandra De Santis. "Adesso non è così. Ci sono un sacco di iniziative per i giovani. Forse troppe, nel senso che c'è una sorta di arrembaggio verso il presunto nuovo. Solo che spesso i giovani artisti vengono spremuti, triturati. Negli ultimi dieci, quindici anni nel teatro si è conficcato il neoliberismo, non conta la qualità, ma la quantità, c'è una sovrapproduzione che non va da nessuna parte. Non c'è il tempo per cercare, per studiare. Al centro del sistema non c'è né l'artista, né il fatto artistico; piuttosto ci sono contatti, relazioni, rendite di posizione, scambi, e tutto quell'ambaradan che appartiene specificatamente al nostro Paese, a una mentalità che nella sua peggiore espressione è costitutiva del pensiero mafioso".

La prima edizione del Festival va in scena nel 1999 e sviluppa attorno allo spettacolo su Camille Claudel una programmazione totalmente al femminile, che vede fra le altre la presenza di Monica Francia, Federica Tardito, delleAli Teatro, Antonella Morassutti e Patrizia Airoldi. La rassegna nasce al Teatro Out-Off e si terrà al suo interno per le prime tre edizioni.

Invitare altri artisti, per il Teatro delle Moire, è una pratica di ricerca che progressivamente modifica e integra lo sguardo della compagnia. Concentrare il discorso tematico del Festival sul femminile comincia a sembrare insufficiente, e anche la struttura formale imposta dal palcoscenico e dal classico rapporto frontale con lo spettatore comincia ad andare stretta. Gli spettacoli invadono a poco a poco ogni spazio possibile del teatro: il foyer, i camerini, perfino la cantina, che viene svuotata per fare posto a performance per un solo spettatore alla volta.

Dopo tre anni di Festival, Attilio e Alessandra sentono il bisogno di abbandonare l'edificio teatro, sia per il tipo di proposte di spettacolo che ricevono, sia per quello che sta cambiando nel lavoro artistico della compagnia.

"Eravamo nomadi. Non avevamo uno spazio nostro né per costruire i lavori, né per rappresentarli", dice De Santis. "Di conseguenza abbiamo

Teatro delle Moire, *Vous etes pleine de desespoir*, 2017
Foto di Michela Di Savino

lavorato molto sul tessuto urbano, anche in spazi non teatrali, e questa pratica si è trasferita sul Festival. Volevamo intercettare un nuovo tipo di pubblico. Non è detto che chi si ferma a guardare una performance in strada dopo entri in una sala tradizionale e diventi uno spettatore. Ma credo che il nostro pubblico si sia affezionato alla possibilità di trovarsi in contesti che altrimenti non avrebbe mai attraversato. Fabbriche dismesse, palazzi come il Bagatti-Valsecchi, anche una piscina. Cercavamo posti che di solito erano chiusi al pubblico, cercando sempre di far sì che il contenitore non divorasse il contenuto, anzi lo valorizzasse. Lo spazio e la performance, insieme, diventavano qualcosa di intenso. Ci capitava di vedere lavori in Italia o all'estero e già in sala di fantasticare sul contesto ideale dove collocarli".

"In quella fase del Festival eravamo connessi con la città, i nostri bisogni erano gli stessi di chi viveva con noi, in un momento preciso, il fatto teatrale", dice Nicoli Cristiani. "Cercavamo di offrire quello che avremmo desiderato vedere, e quel desiderio coincideva con quello degli spettatori. Il nostro pubblico è esploso in quel momento, si è moltiplicato quando abbiamo abbandonato il teatro. Un pubblico trasversale, non solo i frequentatori abituali delle stagioni. Il lavoro che abbiamo fatto nelle vetrine dei negozi, per esempio, non era soltanto fare spettacolo ed essere guardati. Lavorare in quel modo creava relazioni. Abbiamo incontrato l'associazione che riuniva i commercianti di via Garibaldi, e abbiamo continuato a lavorarci per anni. C'era un giro di negozianti, clienti, spettatori e passanti che semplicemente si fermavano a guardare. La performance era una macchina aperta a ogni possibile relazione".

"Un progetto complesso da organizzare, si trattava di brevissime performance nelle vetrine dei negozi", dice De Santis. "Eravamo giovani, avevamo voglia di divertirci, e ci siamo divertiti molto. Quando mai ti puoi permettere di fare uno spettacolo con dieci, quindici attori? Qui siamo riusciti a mettere insieme una carovana di persone che si muovevano con noi, anche in altre città. Sono nate anche amicizie, collaborazioni, perché abbiamo sempre questo desiderio, questo bisogno di non essere chiusi, di creare situazioni da cui possono nascere nuove possibilità".

Assaggi da Vetrina ha debuttato per le strade di Milano nel 2002. Nel corso degli anni la poetica del Teatro delle Moire ha preso forma in una serie di lavori formalmente al confine fra teatro e performance, in cui la condizione interiore dell'individuo viene messa a fuoco nell'attraversamento coloratissimo e vagamente *glam* di icone pop midcult; la Minnie travestita, maleducata e oscena di *SuperNaturalMinnie* (2001); la "trasformazione" di uomini e donne in doppi abusivi di Britney Spears in *Absolutely Britney* (2007); le incursioni urbane di cartoons disneyani riveduti e corretti a bordo di un maggiolone cabrio in *Pop-Mobile* (2006); i tre corpi di Marilyn Monroe iconograficamente identici, ma differenti per genere, volume e qualità in *Marilyn's Beedrom* (2008). Parallelamente, altri lavori hanno innestato lo stesso immaginario in altrettanto iconici miti letterari, come nell'Isola Che Non C'è composta di stracci che affronta l'infantilismo del contemporaneo in *Never Never Neverland* (2010) o le incursioni nell'universo horror di Edgar Allan Poe nel "concept concert" *Songs for Edgar* (2014).

Specchio simbiotico del percorso creativo della compagnia, *Danae Festival* in vent'anni di attività ha permesso al pubblico milanese di incontrare più di centocinquanta fra artisti e compagnie. Un lavoro di direzione artistica che ha dato spazio sia a chi svolgeva la propria ricerca sul territorio, sia a realtà fondamentali della ricerca nazionale e internazionale. Monica Francia, MK, Teatro Valdoca, Deflorian/Tagliarini, Effetto Larsen, Annamaria Ajmone, Danio Manfredini, Raffaella Giordano sono solo alcuni dei nomi che hanno attraversato questa storia. Scorrendo l'elenco degli artisti ospiti nelle varie edizioni dal millenovecentonovantanove a oggi, non sembra di trovarsi di fronte a un Festival semi-indipendente, prodotto con fondi esigui da un nucleo ristretto di persone, quanto piuttosto alla programmazione di una qualche struttura istituzionale ben finanziata a livello nazionale.

"Nella prima fascia degli anni Dieci avevamo paradossalmente più risorse di ora", dice Nicola Cristiani. "Il Ministero non lo affrontavamo, per la nostra struttura organizzativa era una cosa complessa. Parlavamo col Comune, più avanti con la Regione. E avevamo molti finanziamenti privati. Nel 2009 c'è stata l'edizione più esplosiva del Festival, diffusa in tutta la città, metà del programma con artisti dall'estero. Quell'anno abbiamo vinto il premio Hystrio. Ma nel 2008/2009 c'è stata anche la crisi economica, e dall'anno dopo il privato è sparito e i fondi pubblici hanno cominciato a ridursi. E abbiamo dovuto cominciare a ridurre anche noi, fare meno cose. Nel 2015 abbiamo lanciato una campagna di crowdfunding, era un modo di dire a chi ci aveva seguito di aiutarci con il Festival, di aiutarci a farlo esistere, ed è stato un successo, un segnale da parte della comunità e del territorio. Uno sprone ad andare avanti. Non era scontato. Sono arrivate tante donazioni da persone che non sapevamo chi fossero".

La vocazione all'apertura del Teatro delle Moire non si è fermata alla creazione di occasioni di incontro con il pubblico, si è evoluta affiancando alla produzione e alla direzione del Festival la pratica della residenza teatrale. Nel 2009 il Teatro delle Moire dà vita al progetto *Ares*, che inaugura una pratica di ospitalità e accompagnamento produttivo che non sarebbe più stata abbandonata.

Alessandra De Santis ricorda: "Abbiamo talmente sofferto di non avere uno spazio. Abbiamo vagato nei posti più assurdi. Posti in cui per provare dovevamo spostare mobili e lavare i pavimenti, incrociavamo topi, era tutto un togli e metti, porta e togli, scenografie smontate dopo ogni prova. Quando finalmente abbiamo avuto un luogo, LachesiLAB, aperto nel 2008, ci è sembrato giusto metterlo a disposizione, perché sapevamo cosa significa il nomadismo. Si è aperta l'occasione per alcuni artisti di lavorare su una produzione che poteva poi confluire nel Festival. Era un rapporto virtuoso, perché noi mettevamo uno spazio a disposizione gratuitamente per le prove, ma potevamo chiedere maggiore disponibilità sui cachet".

L'inizio è sempre nel segno delle relazioni e delle affinità costruite nel tempo. Alessandra e Attilio chiamano artiste che conoscono e con cui condividono percorsi di formazione, ESPZ e Giorgia Maretta. Si siedono intorno a un tavolo e cominciano a immaginare, senza farsi condizionare dalla mancanza di soldi. C'è uno spazio, di cui ogni artista può avere le chiavi per un mese, ed è già molto di più di quanto chi pratica il teatro indipendente di solito si trova ad avere. Vengono fuori idee e si discutono strategie per invitare critici o potenziali produttori a vedere i lavori in corso. Nello stesso periodo esce un bando, promosso da Fondazione Cariplo, che ha come fulcro il lavoro culturale attorno a uno spazio, e per il Teatro delle Moire è naturale candidarsi con quello che già sta facendo. Lo vincono, e per la compagnia è anche un insegnamento: non ha alcun senso elaborare progetti ad hoc, tarandoli sulle richieste degli enti finanziatori; ha senso perseguire un lavoro, caricarlo di contenuti e di azioni concrete, e solo a quel punto andare alla ricerca del modo più adatto per sostenerlo. Nello stesso anno, il Teatro delle Moire vince un altro bando, sempre promosso da Fondazione Cariplo, specificatamente pensato per sostenere la nascita di centri di residenza artistica in Lombardia, il bando Être. È l'inizio di un rapporto attraverso il quale la compagnia svilupperà questo approccio di lavoro fino al 2018, anno in cui entra a far parte, con altre strutture del territorio, di IntercettAzioni, il Centro di Residenza Artistica di Regione Lombardia.

Il passaggio continuo fra la produzione, la direzione artistica del Festival e il confronto con altri artisti ha trasformato negli anni l'approccio della compagnia al teatro. "Prima per me la questione artistica, formale, veniva prima di tutto", dice Nicola Cristiani. "Adesso quello che sento è il bisogno di una comunità. Sento tantissimo questo elemento, alimentarmi con una grande energia. È qualcosa che c'entra con l'idea di un impegno".

"Non significa fare un teatro sociale, e nemmeno un teatro politico", dice De Santis. "Se ti metti a fare teatro, la tua scelta politica l'hai già fatta. Ma poi tutto sta nelle azioni che decidi di compiere, e soprattutto nel come decidi di compierle. Che peso abbiamo come artisti, nel mondo, oggi, che peso vogliamo avere? Come possiamo ricostruire una relazione viva con il reale? La nostra curiosità adesso la catturano quei progetti che hanno al centro queste domande, che se le pongono all'interno della struttura, del linguaggio. Come nel caso de *L'uomo che cammina*".

L'uomo che cammina è un lavoro realizzato da due attori/performer, Leonardo Delogu e Valerio Sirna, rappresentato a Milano nel 2019 grazie a una collaborazione fra Danae Festival e Zona K. Si tratta di una camminata urbana della durata di cinque ore, ispirata a una graphic novel di Jiro Taniguchi. Un uomo attraversa la città passeggiando dal centro alla periferia extraurbana, mentre diciotto spettatori sono invitati a pedinarlo, a rispettosa distanza. Nell'edizione milanese il camminatore è Antonio Moresco, autore di romanzi di culto come *Lettere a Nessuno* e *Canti del Caos,* che da anni trascorre molte sue notti attraversando la città a piedi in solitudine. L'azione si inserisce in una più ampia ricerca di Delogu e Sirna che, attraverso il progetto DOM, indagano il rapporto fra corpo e territori, intervenendo prevalentemente nello spazio pubblico e interrogando il concetto di comunità e le pratiche dello stare insieme. Come scrive Ivan Carozzi: "la partecipazione dello spettatore alla messa in scena è così immersa e profonda che diventa complicato dire che cos'è, se non un'esperienza totale, difficilmente dimenticabile, e una sorta d'iniziazione a un'altra verità dei luoghi".

"Ovviamente ci si può chiedere se questo sia teatro", dice Alessandra. "Voglio raccontare una cosa. Facciamo parte di un gruppo aperto, *Nel cuore della notte,* che è nato in questo modo: a Natale 2018 ho scritto una lettera aperta a Mimmo Lucano e ai nostri governanti. Lucano era stato raggiunto dal divieto di dimora a Riace e quell'esperienza di ripopolamento di un paese attraverso l'accoglienza stava per essere smantellata. Nella lettera non c'erano invettive, ponevo delle domande, su che tipo di esseri umani vogliamo diventare, che eredità vogliamo lasciare, in che modo vogliamo occuparci del Pianeta. E chiudevo con delle parole di Anna Maria Ortese: *credete davvero che la vita umana sia sempre e solo trionfo sull'altro? Che per essere contenti della propria vita bisogna aver posato il piede sul capo dell'altro?* Si è scatenata un'ondata di adesioni che mi hanno travolto, non sapevo come gestirle. Le persone mi scrivevano, mi telefonavano, la cosa è andata avanti per giorni. Lì ho avuto la sensazione che bisognasse fare qualcosa, trasformare le parole in un'azione che coinvolgesse le persone, perché c'è questo sentimento condiviso da tanti, questo bisogno di guardare il mondo con occhi diversi, che non trova vie per esprimersi. In quei giorni, tra gli altri, ho sentito Antonio Moresco e lui, fedele alla sua pratica di misurare il mondo a piedi, mi ha detto che dovevamo fare un cammino, ma anche che doveva essere qualcosa di esagerato. Lui crede che sia necessario chiedere molto alle persone, perché se chiedi tanto, avrai tanto".

Il 21 settembre 2019, verso le diciannove, quasi cinquecento persone si radunano nei pressi della stazione di Rogoredo, nell'estrema periferia sud di Milano. Alcune di loro hanno una maglietta rossa con il logo del cammino, rispondono alle domande delle persone, danno indicazioni; si occuperanno di guidare il percorso, tracciando la strada e garantendo la sicurezza dei partecipanti. Altri sono organizzati per trasportare a turno delle *partybag,* casse dalle quali verranno diffusi testi registrati per l'occasione da voci note del teatro, della poesia e della letteratura nazionale. Alle 19.30 la piccola massa comincia a muoversi. Nella notte li attendono per brevi soste il centro di accoglienza Enzo Jannacci, la scuola elementare Tommaso Grossi, il centro sociale Macao e il chiosco di Mara sul Monte Stella, ultima tappa del percorso, che termina dopo 28 chilometri e 12 ore di cammino, con una colazione alle prime luci dell'alba.

La lunga notte insonne è stata organizzata da un gruppo di cittadini in un regime di totale volontariato. Incontri periodici durati otto mesi, con una o due riunioni al mese per discutere il progetto, approfondirne le ragioni e le modalità, sciogliere tutti i nodi pratici e burocratici che via via si presentavano. Si ragiona molto su come dare al cammino una sorta di struttura drammaturgica, un respiro che fonda l'atto concreto di attraversare la città a un agire performativo. Gli incontri restano sempre aperti a chiunque voglia unirsi, sia per attivarsi praticamente sia per restare semplicemente in ascolto. Le persone mettono a disposizione grandi quantità di tempo e soprattutto le specifiche competenze di ciascuno, portando il gruppo a un alto grado di efficienza.

"Il cammino è stato potente", dice Alessandra. "Ma la cosa sorprendente è stata la costruzione. Persone che senza un compenso si sono assunte grosse responsabilità. Ho capito che c'è una via per fare le cose che non passa per i soldi. Un'azione come questa, se la si pensa come una produzione, è semplicemente impossibile da realizzare. Nell'ambiente teatrale si parla sempre meno di quello che si fa, e sempre più del fatto che non ci sono i soldi. È un mantra, senti solo questa frase: non ci sono i soldi, non ci sono i soldi, non ci sono i soldi. Poi in realtà vedi un grande dispendio di fondi per realizzare cose alquanto discutibili e sicuramente non necessarie".

Nel cuore della notte – un cammino politico e poetico dal tramonto all'alba è stata un'azione artistica realizzata dalla comunità, per fare comunità. Economicamente improduttivo e materialmente inutile, il cammino pone una domanda radicale sul senso dell'atto teatrale nel contemporaneo, e sul bisogno sempre maggiore di partecipazione dello spettatore; domanda che pare postulare la sparizione del palcoscenico, in un farsi teatro che allenta il diaframma che separa chi guarda da chi agisce. Si tratta probabilmente di un punto di svolta anche per la ricerca poetica del Teatro delle Moire, un generatore di nuovi bisogni che ancora devono trovare un modello formale che li soddisfi.

Piazza Fabio Chiesa. Foto di Umberto Terruso

Fare comunità

A.T.I.R. e il Teatro Ringhiera

La chiamano *la piana*. È una piazza di cemento su cui sono dipinti a mano una miriade di fiori. *La piana* è sopraelevata rispetto al livello della strada, la si raggiunge da Via Boifava, salendo una stretta scala che parte da un parcheggio; è circondata su tre lati dai terrazzi di condomìni popolari; il quarto lato è occupato dalle vetrate di un edificio di un solo piano. Da lì, a sinistra si accede agli sportelli di un ufficio anagrafe del Comune di Milano, a destra si entra nel foyer del Teatro Ringhiera. La sala, costruita nel 1992 all'interno di un centro civico nell'estrema periferia sud di Milano, ha 230 posti e nel 2007 è stata data in concessione alla compagnia ATIR (Associazione Teatrale Indipendente per la Ricerca).

Il 30 settembre 2017, dal primo pomeriggio, sulla *piana* cominciano ad arrivare persone. Verso sera, una folla che pare interminabile invade ogni centimetro di cemento e riempie la sala teatrale fino alla sua capienza massima. Dal pomeriggio alla notte vanno in scena spettacoli, sia sul palco che fuori dal teatro. Si inizia con un concerto dei Mamabluegrass e con la performance dedicata al Ringhiera dal Collettivo Circolo Bergman, *Fondamenta*, che conduce gli spettatori in spazi di solito chiusi al pubblico: laboratori, sala costumi, attrezzeria. Si continua con *Le Allegre Comari di Windsor* di William Shakespeare, riscritto da Edoardo Erba per la regia di Serena Sinigaglia, ultima produzione A.T.I.R. L'ultimo spettacolo comincia alle sei del mattino: *1943 – Come un cammello in una grondaia,* dalle lettere dei condannati a morte della Resistenza.

È una festa che celebra dieci anni di lavoro sul territorio. Quando la compagnia ha preso in gestione il teatro, in un quartiere periferico e ad alta densità di degrado, la *piana* era una piazzetta dello spaccio. Giorno dopo giorno il presidio culturale ha cambiato faccia al quartiere, coinvolgendo i residenti e fornendo servizi rivolti agli anziani, agli adolescenti, ai disabili.

È una festa di chiusura. Da cinque anni A.T.I.R. gestisce il teatro in una confusa situazione burocratica. Una lunga interlocuzione con il Comune ha portato al rinnovo del contratto con un affitto "politico" di 8000 euro annui, considerate le condizioni dello stabile e l'importante lavoro prodotto sul territorio. La firma era stata apposta a fine 2016, con quattro anni di ritardo rispetto alla scadenza naturale del precedente; il nuovo accordo, la cui scadenza è programmata proprio il 30 settembre 2017, non prevede un rinnovo, bensì la rimessa a bando a bando dell'edificio, che però presenta problemi strutturali e necessita di interventi urgenti. Il Comune decide di non indire un nuovo bando, in attesa di far partire il cantiere: per questa ragione, il giorno che segue la festa, il teatro non riaprirà. Terminato l'ultimo spettacolo, le persone che hanno resistito alla notte bianca fanno colazione. Non hanno notizie della data di inizio lavori.

A.T.I.R. è un'Associazione Culturale fondata nel 1996 da un gruppo di ex-allievi della Civica Scuola di Teatro Paolo Grassi, tutti compagni di classe. La compagnia è guidata dalla regista Serena Sinigaglia, che ha portato avanti una Direzione Artistica di forte personalità, e ha parallelamente costruito una carriera solista nei più importanti Teatri italiani.

"Non siamo nati per ragioni artistiche, né economiche", dice Serena Sinigaglia. "Eravamo troppo piccoli, ragazzi tra i 21 e i 23 anni. Non c'era una consapevolezza poetica di nessun tipo. Siamo nati da un dettaglio. Ora, guardandolo da lontano, a 47 anni, mi viene da dire che quel dettaglio è un cemento biologico e sano, che offre una base solida a un'unione di persone. Siamo nati da uno spettacolo".

Lo spettacolo è il saggio di regia con cui Serena Sinigaglia si diploma nel 1996, *Romeo e Giulietta*. Il classico shakespeariano si inseriva in un contesto, quello degli anni 90, in cui i giovani artisti frantumavano le strutture drammatiche, esploravano nuovi linguaggi, mentre i titoli classici erano appannaggio dei grandi nomi e delle realtà teatrali consolidate. *Romeo e Giulietta* era semplicemente l'allestimento di uno dei testi più noti della drammaturgia mondiale, nella traduzione di Salvatore Quasimodo, un po' tagliata, ma nemmeno tanto; era uno spettacolo che parlava di ragazzini, realizzato con la forza dirompente, concreta e onesta di un gruppo di ventunenni che calcavano per la prima volta il palcoscenico.

"Lo spettacolo andò benissimo", dice Sinigaglia, "probabilmente rispondeva a una richiesta latente del mercato. Però noi non lo sapevamo, quindi al massimo fu destino, o fortuna. Ci offrivano continuamente

Piazza Fabio Chiesa. Foto di Serena Serrani

occasioni per portarlo in scena. E doverlo rifare implicava di darsi un nome, un minimo di struttura, anche legale".

I ragazzi chiedono consiglio ai maestri che hanno incontrato a Scuola, artisti che diventeranno amici e compagni di strada, come Gabriele Vacis e il compianto Gigi Dall'Aglio. Ricevono da entrambi una risposta concreta quanto lo spettacolo: fate un gruppo, andate avanti, e poi state a vedere che cosa succede.

"La Scuola è stata fondamentale, perché mi ha dato il tempo", dice Sinigaglia. "Ho potuto provare per tre mesi in una sala riscaldata, avendo sempre a disposizione i miei compagni per otto, dieci ore al giorno. Non ero consapevole che questo era un lusso che non mi sarebbe mai più capitato in tutta la mia carriera. È stato questo tempo protetto che ci ha permesso di arrivare a conoscerci così profondamente, e di produrre un lavoro così importante. Per questo quando dei ragazzi, che hanno la mia età di allora, mi chiedono un consiglio, dico loro semplicemente: fate. Fate. Fondate la vostra unione sul fare insieme, cercate di stare bene e trovate il vostro senso insieme. Poi, col trascorrere del tempo, rifletterete sul significato profondo della vostra unione. Non fatelo prima, non fatelo all'inizio, perché nel prima non arriverete mai a una sintesi."

Il percorso con cui A.T.I.R. va a strutturarsi incontra molto presto il fattore ministeriale, croce e delizia del teatro italiano. Nel 1998, con Walter Veltroni Ministro della Cultura, un decreto-legge dà accesso al F.U.S. (Fondo Unico per lo Spettacolo) a cinque giovani compagnie, garantendogli due anni di sperimentazione. Se in questo periodo fossero riusciti a ottemperare quanto richiesto dal Ministero, in termini di giornate lavorative e di spettacolo, avrebbero potuto rientrare con pieni diritti nella legge principale. Oltre ad A.T.I.R., con un criterio che cercava di coprire il territorio Nazionale, vincono: Accademia Perduta dalla Basilicata, i romagnoli di Teatrino Clandestino, il Teatro del Lemming di Rovigo e ancora i romagnoli di Masque Teatro.

"Era un tentativo di sottrarre il finanziamento pubblico al baronato dei diritti consolidati e mai messi in discussione, tipici dell'Italia. Quando un politico fa una cosa giusta bisogna riconoscerglielo", dice Sinigaglia. "La sperimentazione di Veltroni è stata la migliore dell'ultimo trentennio. Non eri ghettizzato. Non entravi come giovane compagnia, come under 35. Dovevi seguire le stesse regole delle realtà consolidate, venivi valutato per quello che stavi facendo. Era anche tutto più semplice. A vent'anni, senza capire nulla di queste cose, sono riuscita coi miei compagni a compilare quella domanda, a gestire un'economia e a mantenere il finanziamento. Oggi, la burocrazia si è infittita, e per queste cose servono dei tecnici. Siamo tuttora finanziati dal Ministero come Impresa di Produzione".

Dopo il biennio di sperimentazione, questa forma di accesso ai fondi ministeriali non è stata replicata (almeno fino alla riforma del 2015, che ha creato un diverso modello di accesso per soggetti "under 35", recentemente depotenziato). Pur contribuendo alla longevità delle compagnie selezionate, questo approccio non ha scalfito la tradizionale immobilità del sistema. Il finanziamento iniziale concesso ad A.T.I.R. era di cinquanta milioni, in cambio di circa settanta giornate di spettacolo e quasi 400 giornate lavorative saldate in un anno. Dal 1998, per quasi vent'anni, quei cinquanta milioni sono rimasti cinquantamila euro, con poche variazioni. Solo di recente, dal 2015 in avanti, la compagnia ha ricevuto un incremento.

"Nei primi anni Duemila la compagnia era avviata, e faceva il triplo dei numeri richiesti", dice Sinigaglia. "Andai da un funzionario di allora, con questi numeri inequivocabili, c'era il progetto artistico che era molto articolato, e pensavo, ingenuamente, che meritassimo un aumento, proporzionale al lavoro che stavamo facendo. Ho ricevuto questa risposta: Serena, fai di meno. Brava, ma fai di meno. In questa frase, c'è l'immobilità. Tutto deve cambiare perché nulla cambi. Era impensabile togliere dei fondi a chi li prendeva da anni, e magari non si capiva nemmeno più perché, e darli a chi era meritevole".

Negli anni Novanta fondare un gruppo teatrale sembrava un atto quasi naif, vintage. Il modello dei gruppi, centrale nel teatro degli anni Sessanta e Settanta, caratterizzato da una forte condivisione politica e da poetiche spesso ferree, era stato spazzato via dagli anni Ottanta, con la loro consumistica rivoluzione dei costumi. Serena Sinigaglia rivendica questa distanza dai propri padri e fratelli maggiori, l'aver costruito un gruppo sulle macerie del Muro di Berlino, in un'epoca e in un contesto post-ideologico. I soci di A.T.I.R. non avevano una sovrastruttura estetica o politica a cui rifarsi o sulla quale adagiarsi, si sono ritrovati su un'idea di teatro che hanno compreso negli anni, partendo semplicemente dal gusto di stare insieme e dal fatto di voler continuare a fare quello che stavano facendo. Oltre a Serena Sinigaglia, sono Mattia Fabris, Nadia Fulco, Maria Pilar Pèrez Aspa, Stefano Orlandi, Arianna Scommegna, Chiara Stoppa, Maria Spazzi, Sandra Zoccolan. All'inizio del viaggio, anche Fausto Russo Alesi, che ha poi preso altre strade calcando palcoscenici nazionali, e Fabio Chiesa, tragicamente scomparso in un incidente.

Una delle ragioni della longevità di questo ensemble, praticamente immutato dopo quasi trent'anni, è la sua mobilità. I gruppi teatrali sono spesso impostati come famiglie chiuse, e per questo facilmente diventano disfunzionali. Lavorare sempre con le stesse persone, per molti anni, permette di approfondire il proprio stile e di difendersi dal mondo, ma amplifica i conflitti e il rischio di derive autoreferenziali. In A.T.I.R. ogni membro del gruppo è anche un artista singolo, e viene sostenuto quando il suo percorso lo allontana, anche per un tempo lungo, dalle attività della compagnia. Se un attore viene scritturato per un lavoro, e magari deve affrontare mesi di prove e tournée, al ritorno ritroverà il suo posto. Questo

A.T.I.R., *1943 Come un cammello in una grondaia*, 2007
Foto di Serena Serrani

andare e tornare, portando con sé tracce di altre pratiche ed esperienze, non fa che arricchire la vita e la poetica del gruppo.

"Il cemento intellettuale della nostra unione è l'idea della cultura nazional-popolare, però in senso Gramsciano", dice Sinigaglia, "Gramsci, non la manipolazione del concetto che ne hanno fatto il berlusconismo e i suoi "intellettuali" alla Antonio Ricci. Nazional-popolare inteso come un'idea di cultura che, in qualunque forma essa sia, ti eleva. Che migliora la tua condizione, quella di chi la fa e quella di chi la riceve. Uno scambio reciproco volto al miglioramento dell'individuo, e di conseguenza al miglioramento del tessuto sociale, della qualità della vita. È una convinzione che guidava le nostre scelte anche quando non gestivamo un teatro, ed eravamo una compagnia che ogni anno si fermava a pensare a che testi fare, e a che testi assolutamente non fare".

Il repertorio della compagnia è stato costruito a partire dalla scelta programmatica di alternare il lavoro sui classici a quello sulla drammaturgia contemporanea. I testi nuovi vengono affrontati come guide per esplorare il territorio del presente, mentre i classici servono a imparare il mestiere, nella

A.T.I.R., *Troiane*, 2003
Foto di Serena Serrani

ferma convinzione che i testi consolidati portino con sé il teatro di cui sono permeati. Serena Sinigaglia sottolinea che i grandi testi di Shakespeare, prima di essere fissati su carta, venivano recitati.

È da queste considerazioni che nasce l'esigenza di mettere in scena una trilogia di spettacoli dedicati ad anni fondamentali della nostra storia, il 1943, il 1968, il 1989. La compagnia sente il bisogno di riattraversare quei periodi e capirli meglio, anche in rapporto alla società del presente, e ritiene che anche la comunità abbia lo stesso bisogno di fermarli, fissarli, sentirli raccontare con gli strumenti del teatro. *Incontri con epoche straordinarie* va in scena fra il 2004 e il 2007 e per la trilogia, spesso riallestita negli anni seguenti, vengono coinvolti diversi autori in un processo di composizione drammaturgica collettivo, per fissare in una scrittura di scena le ricerche e le improvvisazioni degli attori.

L'interesse per una scrittura del presente passa anche per un'importante ricerca sul monologo, sulla *performance* dell'attore solo in scena. Nel 2002 debutta *Natura morta in un fosso* di Fausto Paravidino, interpretato da Fausto Russo Alesi, per la regia di Sinigaglia. Lo spettacolo incontra consenso unanime e successo nazionale. Viene apprezzato lo stile anglosassone della scrittura, poco praticato in Italia, così come la solidità dell'interpretazione e l'equilibrio con cui la regia si muove fra sperimentazione e accessibilità popolare. Pochi anni dopo, il successo sarà replicato da *Qui città di M.*, giallo metropolitano scritto da Piero Colaprico appositamente per una ispirata Arianna Scommegna.

Il lavoro sui classici di A.T.I.R non teme di confrontarsi con testi cardine della drammaturgia mondiale, sempre sfuggendo ogni elitarismo intellettuale, inseguendo uno stile che possa soddisfare sia il pubblico colto, sia quello che chiede al teatro semplicemente una serata godibile. Il modello della compagnia è la festa popolare, in cui lo spettacolo è un momento di un incontro fra persone, che si sviluppa prima e dopo la recita, nelle conversazioni sui temi e sulle impressioni estetiche, ma anche nella semplice socialità. Spettacoli come *Troiane* o *Le baccanti* di Euripide vanno alla radice non tanto dei significati archetipici del mito, quanto della prassi del teatro antico in cui la rappresentazione era un momento di reale confronto per la comunità. Per *Le baccanti*, Serena Sinigaglia sente il bisogno di respirare l'aria di una terra in cui il tessuto sociale ancora conservi modalità di relazione dal sapore antico, e vola con la compagnia in Albania. Lo spettacolo viene realizzato nel corso di tre anni, in collaborazione con l'Accademia d'Arte Drammatica di Tirana, e coinvolge sei allieve attrici nel processo di lavoro e nella tournée. È una produzione che segna l'incontro con quella pratica dell'agorà, dell'abitare una piazza pubblica, che il teatro permette di ritrovare in ogni luogo, e che sarà al centro della successiva avventura del Ringhiera.

"L'altro aspetto centrale nel nostro lavoro è la coralità", dice Serena Sinigaglia, "che non ha niente a che fare con la massa, anzi è il contrario della massa. La coralità è inclusiva. Un coro è composto da una serie di individui che, pur mantenendo il proprio fermo punto di vista e la propria individualità, riesce ad andare d'accordo. Ma non sotto un vessillo. Questa, per me, detta con parole profane, è l'anarchia. Io mi sento un'anarchica, nel senso elevato del termine. Chiunque ci abbia frequentato la sente, questa anarchia: se ci vedi parlare in una stanza stenti a capire chi sia il capo, chi comanda. Questo si legge in tutte le azioni che abbiamo realizzato, rendendo spesso la vita difficile agli organizzatori e agli amministratori. Io ho un ruolo di guida, di direzione artistica, ma all'atto pratico ognuno ha un potere, e ha la responsabilità di quel potere. Dirigere per me significa avere una visione, provare a capire che cosa si può fare, proporlo. Ma dentro questa visione ognuno trova il suo spazio, che è creativo, e concretamente significativo".

Il percorso quasi trentennale di A.T.I.R. può essere diviso in tre fasi. I primi dieci anni di lavoro sono quelli da compagnia di giro, che produce ogni anno uno o due spettacoli e li fa circuitare in diversi teatri. Poi arriva la gestione del teatro, che si aggiunge alla produzione e alle tournée, caratterizzando altri dieci anni della vita del gruppo. Dalla chiusura del teatro, gli spettacoli di A.T.I.R vengono ospitati da diversi teatri milanesi, in una sorta di stagione diffusa e apolide, che assomiglia a un *nostos*, il lungo viaggio di ritorno dell'eroe greco alla fine della guerra di Troia, narrato nei poemi epici che spesso la compagnia frequenta, sempre segnato dalla mancanza e dalla nostalgia. Dalla chiusura del Ringhiera, il gruppo non ha smesso di lottare, sollecitare le istituzioni, chiedere a gran voce l'inizio dei lavori, presidiare *la piana* con azioni simboliche, che testimoniano la necessità di non tagliare il filo che la lega a un presidio culturale fondamentale per la sua storia e per la città.

"Il Ringhiera è arrivato nel momento giusto, in un periodo di svolta nelle nostre vite. Perché avevamo cominciato a vent'anni e ne avevamo trenta, con famiglie, figli, e il bisogno di fermarci, di dare un luogo a tutto il nostro percorso. Lì abbiamo potuto fare meglio quello che già facevamo da dieci anni."

A.T.I.R. ottiene la concessione per la gestione del teatro nel 2007, con un contratto quinquennale e che prevede 30.000 euro di affitto e 20.000 euro di spese annui, la stessa cifra garantita alla compagnia, per le sue attività, dalla convenzione con il Comune di Milano. Oltre a presentare gli spettacoli del gruppo, il Teatro ha ospitato nelle sue stagioni artisti da ogni parte del territorio nazionale. Ha dato vita a un Festival tematico che per tre giorni, ogni primavera, trasformava *la piana* in una festa diffusa di spettacoli e socialità. È stato un riferimento per artisti e compagnie del territorio, che qui hanno trovato ascolto per i loro progetti e occasioni di incontro con il pubblico.

Il segno distintivo del Ringhiera è l'inclusione, sia rispetto all'integrazione fra diversi strati sociali nel e per il territorio, sia nell'apertura rispetto a tematiche legate al genere e all'orientamento sessuale. *La piana* è diventata nel tempo una piazza aperta, in cui ciascuno poteva collocare e sperimentare liberamente la propria individualità e identità. Non a caso qui è nata la compagnia *Nina's Drag Queens*, gruppo di attori maschi che giocano con il confine fra maschile e femminile, che sono passati dalle chiassose rappresentazioni milanesi alla Biennale Teatro 2020 diretta da Antonio Latella. Non serve sottolineare come la presenza di uno spazio con queste caratteristiche, in una periferia segnata da degrado e da un latente machismo, e il fatto che questa periferia abbia accolto e riconosciuto questo spazio come *proprio*, abbia qualcosa delle piccole rivoluzioni invisibili.

Gli artisti dell'A.T.I.R. hanno promosso e si sono impegnati in prima persona in molti progetti dedicati al quartiere e in diverse attività di teatro sociale. Attività laboratoriali rivolte a bambini, adolescenti, disabili, hanno mostrato come la presenza di un presidio teatrale in quartieri carenti di servizi costituisca un motore di rinnovamento sociale e un generatore di servizi per il cittadino. Come già ricordato, prima della riapertura del teatro *la piana* era uno spazio buio e vagamente pericoloso. Nei primi mesi di apertura la piazza era divisa in due territori, da una parte il Teatro e i suoi lavoratori, dall'altra il gruppo di adolescenti, spesso accompagnati dai loro pitbull, che l'avevano sempre frequentata. Uno dei primi segni di un reciproco riconoscimento è il furto di un motorino legato di fronte all'ingresso. Vedendo una certa agitazione, i ragazzi della *piana* si informano sull'accaduto e, una volta capito che era stato rubato il motorino *di quelli del teatro*, attivano i propri contatti di quartiere. La mattina dopo, il motorino è di nuovo al suo posto.

Col tempo, alcuni di questi ragazzi hanno incominciato a varcare la porta a vetri del *foyer*, curiosi di capire che cosa succedesse davvero lì dentro. Qualcuno non se ne è più andato, lasciando che quel modello di vita contaminasse parte del proprio. Una ragazza della *piana* ha speso giorni di lavoro per decorare a mano, con un murale, la lunga terrazza che circonda il lato esterno dell'edificio.

"Oggi, nel mondo odierno, lo spettacolo in sé", dice Serena Sinigaglia, "non conta. Uscire dalla centralità dello spettacolo, secondo me, è la strada per fare del bene al teatro. Anche per fare bene gli spettacoli. Per la stragrande maggioranza dei cittadini il teatro non conta nulla, se lo si intende come rappresentazione. I ragazzini della *piana* non erano lì perché un lavoro teatrale gli ha cambiato la vita. In sala si annoiavano. Erano lì perché il Teatro è un'altra cosa, e lo spettacolo è solo la punta dell'iceberg. Il Teatro è l'incontro, essenzialmente, è l'arte per eccellenza che si occupa dell'incontro. È uno strumento prezioso per includere, per migliorare la capacità delle persone di condividere uno spazio in modo creativo e pacifico. Al Ringhiera non ci siamo chiesti che testi mettere in scena. Ci siamo chiesti: che cosa serve, qui, adesso, in questo territorio? Quando hai soddisfatto un bisogno primario, puoi cominciare ad allargare il campo, per centri concentrici successivi. Di cosa ha bisogno la tua città? Il tuo Paese? Magari il mondo? Nel deserto c'è maggiore bisogno d'acqua".

Uno dei soci fondatori che più ha sentito la necessità di una casa per la compagnia, e che più ha spinto l'attività del Ringhiera verso il quartiere e la comunità, è stato Fabio Chiesa. A lui si devono anche i primi interventi di arte pubblica sul cemento della *piana*, ampi disegni di fiori colorati tracciati a partire dalle crepe che segnavano l'asfalto. Dopo la sua scomparsa, il gruppo ha attivato un percorso istituzionale che ha portato il Comune a intitolare la piazza a suo nome. Il due giugno, sulla *piana*, si svolge la Festa della Repubblica di Fabio, durante la quale, oltre a musica e spettacoli, amici, compagni di lavoro e cittadini colorano e ridisegnano i fiori di cemento. Non è semplicemente una ricorrenza dedicata al ricordo di un compagno. È un gesto rituale in cui darsi collettivamente un tempo per riattivare la sua energia, la sua pratica di intervento nella comunità, conservarla e non disperderla. In questo senso è un gesto attivo, un atto teatrale, per sottrarre la memoria alla celebrazione e consegnarla giorno dopo giorno all'azione. Forse anche per questa tensione a non smettere di coltivare ciò che si è seminato, l'A.T.I.R. continua, nonostante gli infiniti problemi, a non abbandonare il Ringhiera.

"La piana è uno spazio architettonico straordinario", dice Sinigaglia. "Non si contano le collaborazioni con il Politecnico, ci sono studenti che costruiscono i loro esami immaginando la riqualificazione di questo luogo. È grande, ma circondata, e non da strade. È sopraelevata, come il teatro greco, che era protetto al di sotto dal verde e sul davanti dal mare. Qui, a proteggere, ci sono un teatro e un'anagrafe, che è importante, perché è uno spazio del cittadino. Abbiamo lottato moltissimo in questi anni di nomadismo, sia pubblicamente che in silenzio, perché volevamo ottenere un risultato con il Comune e con Fondazione Cariplo. Visto che l'edificio va sventrato, abbiamo spinto perché venga migliorato. Ci siamo riusciti, Fondazione Cariplo ha commissionato uno studio a Kcity, che si occupa di studi di rigenerazione urbana, sono stati fatti dei progetti, uno è stato approvato anche dal Comune. Costa circa quattro milioni di euro. Il comune stava trovando coperture, ma è arrivato il Covid e il principale finanziatore si è ritirato. In qualche modo, si torna a zero, ma noi continuiamo. Sono convinta che questo luogo rinascerà, meglio di prima, ci volessero dieci anni, e sarà restituito alla sua funzione di presidio culturale per la collettività".

Anche nella complessa situazione pandemica, A.T.I.R. non si è fermato e non ha dimenticato il suo quartiere d'elezione. A luglio 2020, nel Parco della Chiesa Rossa, a due passi dal Ringhiera la compagnia ha organizzato un Festival all'aperto, ventidue serate di spettacolo, ogni sera un artista diverso, seguendo tutte le norme anti-covid. *La prima stella della sera* poteva garantire l'accesso a sessantaquattro spettatori; ogni sera, almeno altrettante persone che si erano presentate dovevano essere mandate a casa. È stato organizzato anche un intervento sulla *piana*, per dipingere sul cemento la traccia di un grande anfiteatro. È una testimonianza ulteriore della necessità che quel luogo rimanga un teatro, ma anche l'appunto di un palcoscenico sul quale, appena possibile, la compagnia tornerà a recitare.

"Certe cose, noi le facciamo gratis", dice Sinigaglia. "Siamo realmente un'associazione, gli utili vengono reinvestiti nell'attività, di fatto nella struttura, non nel singolo. Gli organizzatori che lavorano con noi hanno uno stipendio mensile, sono regolarmente assunti. Ma i soci fondatori non chiedono all'A.T.I.R. di mantenerli. Paghiamo il lavoro di ciascuno secondo le norme di legge, quando siamo in produzione, o per i laboratori. Ma per determinati eventi, che riteniamo vadano realizzati, non permettiamo al denaro di ricattarci. Questo grande dipinto che faremo sulla piana... abbiamo invitato un coro Lgbt a cantare, la compagnia Fattoria Vittadini a danzare. Ci sono i pittori, i videomaker. Molti di noi lavoreranno gratis, perché se quantificassimo economicamente un evento del genere non avremmo mai soldi per farlo. Bisogna occuparsi di economia, e bisogna pagare il lavoro.

Ma devi ricavarti momenti in cui dici 'fanculo all'economia'. È allora che nascono queste azioni. E sono contagiose. Sono gradi di cittadinanza". L'Anfiteatro in *piana* viene comunque realizzato grazie a un contributo emergenziale del Comune di Milano, concesso durante la pandemia.

Nel giugno 2020, mentre i lavoratori dello spettacolo scendono in piazza per difendere diritti che da sempre gli sono negati, travolti dalla crisi conseguente alla chiusura dei luoghi di spettacolo, il Piccolo Teatro riceve le dimissioni dell'ormai ventennale direttore Sergio Escobar, e comincia un percorso per designarne il successore. Pur tempestato dalle critiche della stampa specializzata e degli operatori, il Consiglio di Amministrazione del Piccolo Teatro non apre nessuna procedura di evidenza pubblica, limitandosi a stilare un elenco di nomi da invitare a un breve colloquio, concedendo appena ventiquattro ore per stilare un'idea di progetto. L'ostruzionismo dei consiglieri di nomina regionale, che per due volte non si presentano in riunione facendo saltare il numero legale necessario alla votazione, rende sempre più difficile trovare l'accordo su un nome. L'impasse viene superata dalla cooptazione di ulteriori membri all'interno del Consiglio, alzando conseguentemente il numero legale. Viene scelto come direttore Claudio Longhi, artista senza dubbio adatto al ruolo, e forse proprio per questo meritevole di un percorso di nomina più trasparente.

Serena Sinigaglia ha lavorato al Piccolo Teatro e lo conosce bene. Il suo nome non è mai rientrato fra quelli proposti dal Consiglio di Amministrazione, ma è stato messo in campo più volte da giornalisti, artisti e operatori. Per molti era la persona giusta per guidare un rinnovamento nella maggiore istituzione teatrale italiana, che appare sempre più necessario. A giugno 2021 Sinigaglia viene comunque nominata direttrice, accanto all'attrice Lella Costa, di un grande teatro privato milanese, il Teatro Carcano. A seguire la nomina, decide di lasciare la direzione artistica di A.T.I.R, lasciandola ai soci Arianna Scommegna, Nadia Fulco e Mattia Fabris.

"Oggi le persone debbono essere portate a teatro con percorsi nuovi", dice Sinigaglia. "Lo spettacolo deve essere la prima cosa a cui pensi e l'ultima, ma è quello che fai in mezzo che conta davvero. Le stagioni tradizionali, a Milano, dovrebbero farle solo il Piccolo, l'Elfo/Puccini, il Franco Parenti, il Manzoni e il Carcano: tre grandi teatri pubblici e due teatri privati. Sarebbero obbligati a programmare solo il meglio, e sarebbero sempre pieni. Gli altri spazi dovrebbero articolare un ragionamento di natura diversa, a seconda della vocazione poetica di chi lo dirige e del territorio in cui opera. Un lavoro di educazione alla cittadinanza. È una logica anticapitalista, ma che creerebbe più ricchezza. I teatri più grandi non sarebbero strangolati dall'esigenza di produrre di continuo per rinnovare costantemente l'offerta, e i teatri satellitari costruirebbero sinergicamente un pubblico, individuando anche nuovi artisti. Come fa Zona K, che porta a Milano le eccellenze della ricerca europea, gli fa incontrare la città, e dopo pochi anni vai a vederli al Piccolo, come è stato per Milo Rau o per i Rimini Protokoll. Serve un progetto culturale condiviso, che non si fonda sulla competitività, ma sulla complementarità. È a quel punto che diventi una città".

Qui probabilmente si trova il motore della poetica di A.T.I.R.: non ci si può limitare ad abitare una città, bisogna *diventarla*.

Rompere gli schemi
Animanera

"Le cose che fanno tutti per sopravvivere più o meno le abbiamo fatte anche noi. Magari è più interessante se cerco di dire quello che ci contraddistingue", dice Aldo Cassano. "Per prima cosa, siamo nati in ambienti extra teatrali, tutte le nostre prime esperienze le abbiamo fatte nei centri sociali. E poi siamo sempre stati ribelli, non so come dire, un po' contro. Abbiamo sempre trattato temi scottanti. Abbiamo coltivato il gusto di portare il teatro in luoghi atipici, estremi. E anche se oggi, forse per l'età, forse perché il mondo cambia, siamo più inquadrati, questa spinta ci accompagna ancora".

Animanera è una compagnia di produzione milanese che ha superato i vent'anni di attività, diretta da Aldo Cassano, Natascia Curci e Antonio Spitaleri. Ha attraversato territori ibridi, mescolando presenze in spazi istituzionali a progetti performativi pensati per l'ambiente urbano. Il primo nucleo del gruppo si incontra frequentando un laboratorio triennale, gestito da insegnanti argentini e spagnoli, al quale alterna molti seminari brevi con registi e attori di passaggio in città, soprattutto russi.

"Alla fine del triennio è partita l'idea", dice Cassano. "Mettiamoci insieme, i cinque o sei che in qualche modo si riconoscono artisticamente, e proviamo a fare uno spettacolo. Era il 1996".

Nel 1992 il critico Franco Quadri aveva pubblicato con la sua Ubulibri – casa editrice militante specializzata in teatro, della quale oggi sente si sente la mancanza – i diari di Derek Jarman, pittore e regista inglese, icona dell'estetica queer, intitolati *Modern Nature* e *At Your Own Risk.* I testi sono una delle prime testimonianze dell'esplosione e del rapido diffondersi a livello mondiale del virus dell'HIV, e del devastante impatto che ha avuto alla sua comparsa, soprattutto sulla comunità omosessuale. A partire da questo materiale, Animanera realizza *Ho camminato dietro il cielo,* debutto che incontra un rapido successo: lo spettacolo vince il premio "Scena Prima", viene rappresentato al Festival di Santarcangelo e alla Biennale dei giovani artisti del Mediterraneo a Torino. Va anche in scena più volte nell'ambito delle campagne di sensibilizzazione per la lotta all'AIDS promosse dal Ministero.

Questo riscontro dà al gruppo l'energia per portare avanti un discorso produttivo, sempre con l'idea di non volersi istituzionalizzare. "Abbiamo deciso di restare randagi, ci interessava la provocazione", dice Cassano, "eravamo dentro le correnti metropolitane, esperienze come quella di Gigi Gherzi, quei festival realmente indipendenti realizzati nei centri sociali. Parlavamo di quello che sentivamo urgente. L'AIDS, ma anche il terrorismo, che abbiamo affrontato in diverse forme. Quel che rimane della famiglia, l'anoressia, le psicosi. La guerra."

"Cercavamo di sentire non solo quello che era il nostro personale bisogno, ma i bisogni inespressi che restano, come dire, nei sotterranei", dice Natascia Curci. "Argomenti di cui il pubblico, anche in modo non cosciente, aveva necessità di sentir parlare. Era come scendere in quei sotterranei, esplorare quelle cantine, per dire: affrontiamo questo tema, bisogna avere il coraggio di metterlo sul tavolo. Ora forse siamo maturi e consapevoli, ma continuiamo a fare la stessa cosa. Ci rimane nel sangue questa esigenza, abbiamo un sangue che ancora bolle. Altrimenti non so come faremmo a lavorare insieme, dopo più di vent'anni. C'è qualcosa che non so come definire, forse una forma di fede".

Primo Moroni, libraio e scrittore, riferimento storico della controcultura anni Novanta legata alla sinistra extraparlamentare e ai movimenti anarcopunk, apre alla compagnia le porte del centro sociale Conchetta, lungo il Naviglio Pavese, spazio di prova stabile in cui nascono i primi lavori. Le performance di Animanera abitano lo spazio pubblico alla ricerca di luoghi atipici, poco battuti dalla cittadinanza. Collaborano più volte con il Festival Danae, assecondandone la vocazione urbana. Al Ponte delle Gabelle fanno intervenire la nettezza urbana per rimuovere i segni maleodoranti di anni di degrado. Lavorano nei sotterranei delle Università come in spazi dismessi legati a locali pubblici. I loro spettacoli attraversano il Museo dell'Acqua, la Pergola, il carcere di San Vittore. Collaborano con artisti di diverse discipline, dalla musica alla danza, dalla giocoleria all'acrobatica: in alcuni casi arrivano a coinvolgerne un centinaio. Sono eventi che attirano un folto pubblico, ibrido e trasversale, moltissimi i giovani. Alcune serate, realizzate al Leoncavallo, vedono la partecipazione di quasi mille persone a sera.

Animanera, *Try Creampie!*, 2007

Agli inizi, il teatro è una forma di vita slegata dal pensiero del sostentamento. "A livello economico quella fase è stata folle", dice Natascia. "Ciascuno di noi per vivere faceva altro. Lavoravi tutto il giorno, staccavi e andavi direttamente a fare le prove. Non ci si fermava fino alle due, alle tre di notte. Oggi lavoriamo molto con le giovani generazioni, scritturiamo attori e drammaturghi alle prime esperienze. È cambiato totalmente l'approccio. Se l'orario di prova è dalle quattordici alle venti, alle venti si stacca e tutti vanno a casa. Le prime volte per noi è stato un trauma. Avevamo sempre vissuto in un altro modo".

"Nei primi anni avevamo in piedi molti spettacoli, aderivano tutti con entusiasmo, anche gratis", dice Aldo Cassano. "C'era chi faceva il cameriere, chi sbarcava il lunario con lavori precari. A volte riuscivamo a far entrare dei soldi. All'epoca erano di moda certi eventi commerciali, e noi avevamo questo carattere "performativo" per cui spesso ci chiamavano. Abbiamo realizzato performance con trenta o quaranta attori, per aziende come BMW, Mercedes, Vodafone. Era un mercato. Dopo la crisi del 2008 ha smesso di esistere. Un catering costa molto meno."

Animanera continua a produrre i propri lavori in contesti di piena autogestione ma, pur tentando di evitare ogni inquadramento, viene notata dalle istituzioni e programmata da spazi accreditati su tutto il territorio nazionale. Porta avanti il suo gioco su due tavoli, cercando di trarre il meglio da ciascuno, senza tradire la propria idea di ricerca. La trasversalità del linguaggio è il suo punto di forza, capace di soddisfare il pubblico teatrale, ma anche di attirare in sala spettatori che non avevano mai pensato di entrarci. La sua estetica sviluppa tendenze della ricerca fine anni Novanta, ibridando riferimenti teatrali colti con le derive pop/trash della cultura di massa. Un approccio che va in risonanza con quello della compagnia Ricci/Forte, che in quegli anni portava scandalo e divertimento sulla scena romana; proprio Animanera li invita per la prima volta a esibirsi a Milano.

La compagnia produce spettacoli con regolarità, stagione dopo stagione. *Smitotrito*, caustica composizione che demolisce i riti quotidiani occidentali, vince per la seconda volta il concorso Scena Prima. *La fata verde*, dedicato al mito bohémien dell'assenzio, accompagna lo spettatore in una Montmartre acida e infernale, specificando l'interesse del gruppo per gli spettacoli itineranti e la creazione di spazi immersivi per lo spettatore. Si esplora il rapporto fra corpo fisico e corpo sociale, declinando in *Scroto* il fragile fallimento del maschio contemporaneo, succube di dinamiche di potere patriarcale da cui non riesce o non vuole emanciparsi. *Orfunny*, spettacolo al confine fra prosa e Physical Theatre, incontro/scontro fra due fratelli e figure genitoriali fallite, amicizie inconsistenti e amori futili, vola fino all'Edimburgh Fringe Festival.

Uno dei maggiori successi di Animanera, in qualche modo "manifesto" dell'estetica della compagnia e della sua ricerca sulle pratiche immersive, è *Try Creampie! Vuoi venire a letto con me?*. La performance viene commissionata da Vittorio Sgarbi, per l'inaugurazione della mostra a sua cura *Vade retro* e invade le Sale Viscontee di Palazzo Reale, contesto in cui raramente vengono ospitati eventi dal vivo, per essere replicata più volte negli anni successivi. Il lavoro – come spesso accade nelle drammaturgie del gruppo – prende le mosse da figure iconiche, in questo caso personaggi della letteratura ottocentesca, con ampi rimandi ad autori del Novecento "diversamente maledetti" quali Jean Genet, Virginia Woolf, Allen Ginsberg.

Animanera, *Piombo*, 2011

L'ispirazione culturale "alta" incontra il pubblico senza mediazione: gli spettatori sono invitati a sdraiarsi ciascuno in un letto e a condividerlo con un/una performer. Animanera mette alla prova il grado di intimità che chi partecipa ad un evento è disposto a condividere con chi lo agisce: in questo spazio sottile, e nelle sue crepe, le parole si inscrivono profondamente nell'immaginario di chi le ascolta.

"A un certo punto, darsi una struttura è diventato necessario", dice Aldo. "Anche soltanto il minimo per la sopravvivenza. Più il lavoro si sviluppa, più chiede tempo. Abbiamo cominciato provando a consolidare il rapporto con il Comune. Ma una struttura professionale l'abbiamo costruita solo quando siamo entrati in relazione con Fondazione Cariplo".

Nel 2007 la Fondazione avvia la selezione per il Bando Être, con cui intende stimolare la nascita di residenze teatrali sul territorio lombardo. L'ispirazione viene dall'analisi di realtà simili all'estero e dall'eccellenza rappresentata in quegli anni dall'esperienza delle residenze pugliesi. Vengono selezionati 22 progetti di residenza, su 9 provincie regionali. I vincitori vengono invitati in una villa nelle campagne intorno a Varese, e in tre giorni di incontri e riunioni vengono accompagnati alla creazione di "una struttura di rappresentanza e di coordinamento delle attività in rete delle residenze", formalmente costituita come associazione e denominata Être.

L'intervento della Fondazione vuole riempire un vuoto tutto italiano: la mancanza di strutture di raccordo fra le compagnie e i teatri, che forniscano spazi e supporto al lavoro di ricerca degli artisti, non necessariamente con il vincolo di un esito spettacolare. I termini della selezione, però, hanno un problema di base: non vengono finanziati gli spazi, bensì compagnie, purché abbiano in concessione per almeno tre anni l'uso di un luogo per prove e rappresentazioni. Di conseguenza, la maggior parte dei vincitori del bando non sono propriamente residenze, bensì compagnie di produzione che riescono a ottenere uno spazio in gestione: il risultato è molto più simile a una serie di piccoli teatri.

L'associazione è stata finanziata dalla Fondazione, con un contributo progressivamente decrescente, seguendo la filosofia di accompagnare le strutture a sostenersi autonomamente. Nei primi anni ha realizzato eventi importanti, ospitando il Meeting plenario della rete internazionale IETM a Bergamo e promuovendo il festival di teatro Luoghi Comuni. Quando il Ministero della Cultura ha iniziato a lavorare a una legge per regolamentare e finanziare le residenze regionali, Être ha portato avanti interlocuzioni per promuoverne un concetto più ampio, che contemplasse anche gli artisti residenti in uno spazio in concessione. La legge non ha recepito questa visione, normando il settore in una chiave più classica: forse anche per questa ragione, molti membri dell'associazione hanno affiancato al proprio lavoro artistico un lavoro più specifico di sostegno alla produzione di gruppi esterni.

Nel 2018 la Regione Lombardia sceglie come Centro di Residenza il circuito Claps. Sul territorio sono quindi presenti un'associazione delle residenze lombarde, in stretta relazione con il maggiore ente erogatore del territorio, e un Centro di Residenza "ufficiale" finanziato dalla Regione. Questa particolare situazione rispecchia uno dei problemi principali della più ricca regione italiana, una sorta di "incomunicabilità" per cui, in generale, la Regione finanzia principalmente enti di grandi dimensioni con i quali stringe relazioni durature, lasciando a Fondazione Cariplo l'onere di sostenere le molteplici altre esperienze che rendono vivo lo spettacolo lombardo.

"Siamo entrati nel bando delle Residenze alla seconda tornata", dice Aldo Cassano. "Poi ne siamo anche usciti, perché a noi interessava la produzione, e i fondi si spostavano sempre di più su altre attività. Pensavamo che questo avrebbe potuto crearci problemi con Fondazione Cariplo; invece, abbiamo continuato a ricevere ascolto e sostegno per i nostri progetti. Abbiamo ricevuto fondi dalla regione, tramite il bando NEXT, che abbiamo vinto quasi ogni anno. Per tre anni siamo stati finanziati dal Ministero, in cordata con altre due compagnie. Questa esperienza non so se la rifaremo. Non è semplice ritrovarsi, fra gruppi diversi. E da soli i numeri richiesti dal Ministero sono proibitivi. Oggi siamo concentrati su progetti più mirati, che ci permettano di sopravvivere, ma siano sostenibili per una struttura come la nostra. Un giro di boa, per noi, è stato aprirci alla drammaturgia contemporanea".

Per molti anni Animanera ha coltivato un sodalizio con l'autrice Magdalena Barile, che ha firmato i testi di alcune produzioni importanti del repertorio della compagnia, come il dittico sulla scomposizione dell'universo famigliare (*Senza Famiglia* e *Fine Famiglia*) o la rilettura contemporanea in chiave dark comedy dell'immancabile testo sacro del teatro occidentale (*Un altro Amleto*). Negli ultimi anni l'interesse verso le nuove scritture si è amplificato: due produzioni con l'affermato Davide Carnevali, tre con la giovane drammaturga Greta Cappelletti, e poi commissioni di testi ad autrici emergenti come Silvia Rigon e Giulia Tollis.

"Il rapporto con giovani autori va di pari passo con uno spostamento del nostro sguardo", dice Aldo. "Ci siamo focalizzati in un ambito che potrei definire sociale. Lavoriamo molto con i migranti, sempre con la nostra impronta artistica, ma con un'attenzione diversa. Forse pensiamo un po' di più a loro, a quello che può essere utile a loro. Persone che hanno problemi oggettivi e vivono questioni delicate. Forse è quello che abbiamo sempre fatto. Siamo solo entrati più profondamente nella pancia della città."

Questo modello di lavoro è iniziato da un'esplorazione del tessuto urbano. La compagnia commissiona a diversi autori, musicisti e DJ la creazione

Animanera, *Fine Famiglia*, 2012

di azioni sceniche dedicate a Milano. I testi di Camilla Mattiuzzo, Carlo Guasconi, Pablo Solari, Magdalena Barile, Davide Carnevali e Simone Bisantino vengono messi in scena nel 2018 a Base Milano, spazio ibrido ideale per accogliere progetti sperimentali. *M8 – Prossima Fermata Milano,* anche scomponendo i vari frammenti, viene replicato più volte in spazi di primo piano come il Teatro dell'Elfo e MTM Manifatture Teatrali.

"Erano esperimenti sulla città, non un lavoro sui migranti", dice Aldo Cassano. "Ma da lì è nato un interesse, volevamo lavorare sulla discriminazione razziale. Abbiamo cominciato a entrare in contatto con strutture dove si insegna la lingua italiana agli stranieri. Stiamo agendo soprattutto in quei contesti. Ci sono i CPIA, che sono istituti più strutturati. Ci sono scuole senza permesso, reti dove si insegna sempre l'italiano, però anche ad anziani, badanti, persone senza permesso di soggiorno che vivono e lavorano qui. Abbiamo affiancato il teatro alla didattica, facciamo spettacoli e performance con loro. Gli è utile per imparare meglio la lingua e capire la nostra cultura. Lo storytelling è una parte importante del lavoro, abbiamo invitato giovani autori a seguire i laboratori per raccogliere

Animanera, *M8 Prossima Fermata Milano*, 2018

materiale. Abbiamo in prova un nuovo progetto, sulla discriminazione, con attori afrodiscendenti. Alcuni sconosciuti, che magari facevano soccorso clown in corsia o altre piccole cose in giro, qualcuno più famoso, come Alberto Malanchino. Da lui ci facciamo guidare molto, perché ha una percezione viva dell'argomento. Recita in televisione, ma subisce piccole discriminazioni ogni giorno. Come tornare a casa e sulle scale del condominio sentirsi chiedere come è riuscito ad entrare".

Il lavoro di Animanera degli ultimi anni è formalmente diverso da quello dei primi spettacoli, lontano da quel gusto dell'eccesso e dello scandalo che lo distingueva. Non sono più i tempi in cui l'avanzata in un concorso nazionale veniva sbarrato dalla presenza di un pene di plastica in scena, in uno spettacolo che raccontava la decadenza fisica di un pornodivo ormai sessantenne. Nonostante questo, la spinta iniziale, la volontà di immergersi completamente in tematiche dirimenti, di andare a fondo nei conflitti sociali e restituirli allo spettatore, sembra rafforzata, in un passaggio dall'esplorazione di testi e riferimenti letterari a una scrittura del reale composta quotidianamente sul campo.

"La scena milanese è molto atomizzata", dice Aldo Cassano. "Ognuno ha il suo campo d'azione. Non vedo un vero tentativo di fare rete. Non c'è mai niente di sicuro, devi avere sempre un prodotto top, e riparti sempre da zero: devi parlare, convincere. A Milano la struttura fa la differenza. Se hai il teatro sei in una categoria, se non hai il teatro sei in un'altra".

"Siamo stati tre anni compagnia residente al teatro della Triennale, era ancora il CRT", dice Natascia Curci. "Era proprio una casa. Dove facevi le prove, costruivi la scenografia. Fa la differenza. Ma non ci siamo mai legati a un posto specifico. Siamo per l'integrazione, la trasversalità. Non abbiamo mai staccato la spina con il contesto dei centri sociali. Agli inizi, vedere la gente del Conchetta venirci a vedere in teatro, far muovere le persone in diversi ambienti, era quasi commovente. Questo per noi è davvero importante".

Prima della chiusura dei teatri imposta dalla pandemia, Animanera stava iniziando a condurre alcuni migranti dai laboratori a piccoli esperimenti performativi aperti al pubblico. Questo, con tutte le difficoltà relative a situazioni sociali complesse, era un modo ulteriore di portare avanti un movimento, un meticciato urbano di pratiche, discipline, lingue, persone, che resta forse l'elemento poetico ed estetico centrale del gruppo.

"Con le riaperture, dopo questo blocco totale, credo si debba spacciare un po' di follia", dice Natascia Curci. "Forse con della buona meditazione, o altre tecniche, o altre azioni, bisogna raggiungere una sorta di alterazione lucida, per sconfiggere la paura. Riscoprire un'intimità. Il teatro fa questo".

Artisti apolidi

Astorri & Tintinelli

Nel 2002 debutta uno spettacolo fuori dagli schemi estetici del periodo, in cui un attore attraversa molteplici personaggi mentre un'attrice/rumorista gli fa da contraltare sonoro e drammatico. Lo spettacolo è tratto da un capolavoro di Georg Büchner e ha un'atmosfera indefinibile: c'è qualcosa della vitalità ultimativa di Tadeusz Kantor, molto del lavoro di Leo de Berardinis, ma anche una tragica malinconia da concerto di Tom Waits. Si intitola *La Ballata di Woizecco*, è il debutto della compagnia Astorri/Tintinelli e uno spettacolo simbolo del teatro di ricerca milanese.

Nei loro oltre venti anni di attività, Alberto Astorri e Paola Tintinelli sono stati molto amati dal pubblico e dalla critica, eppure, come altri artisti di prima grandezza di cui Milano potrebbe fregiarsi, sono rimasti confinati in un circuito off fatto di piccoli teatri e sale indipendenti, senza mai fare un significativo salto produttivo e distributivo. La ragione va ricercata probabilmente nelle caratteristiche di un sistema teatro che tende a premiare prodotti considerati "sicuri" e nella radicale intransigenza dei due artisti verso questo stesso sistema.

Nel 2001 Astorri sta lavorando a Bologna con la compagnia di Leo de Berardinis, quando il grande attore entra in un coma dal quale non tornerà indietro. In questa stasi, mentre cerca di capire in che direzione muoversi, il regista napoletano Davide Iodice gli propone di prendere parte a un lavoro su Federico Fellini, *Dammi almeno un raggio di sole*, che andrà in scena al Festival di Santarcangelo.

Paola Tintinelli, rispetto al teatro professionale, è un'outsider: diplomata all'Accademia di Belle Arti di Brera, lavora come postina, sperimentando parallelamente incursioni da autodidatta nella scenografia e nella recitazione. Nel 2001, insieme ad altri artisti, partecipa a un progetto di residenza al Teatro CRT di Milano. Lì incontra Davide Iodice, che le propone di prendere parte allo stesso progetto. Paola decide di licenziarsi e di partire con il suo furgone per Santarcangelo di Romagna, dove non conosce nessuno.

"Davide mi ha chiesto di andare alla stazione a prendere Alberto", racconta Paola Tintinelli. "Vado col furgone e aspetto, ogni tanto chiedo a qualcuno: "Ma sei Alberto? Sei tu Alberto? A un certo punto è arrivato lui, dai giardini".

"Ci siamo conosciuti", dice Alberto Astorri. "Poi abbiamo cominciato le prove con Iodice e un giorno abbiamo fatto un'improvvisazione. C'era un'alchimia strana, qualcosa che senti solo sulla scena. Ci siamo trovati. Le ho detto, sai, stavo al teatro di Leo, mi sono un po' fermato. Ho questo progetto per lavorare su *Woyzeck*. Lei mi ha raccontato la sua vita, che suo padre aveva una ferramenta a Sesto San Giovanni, che a parte il teatro le piaceva fare e disfare con le mani, lavorare il legno e il ferro. Le ho detto, ma perché non mi dai una mano a fare questo spettacolo, facciamo una cosa insieme. Avevo trovato una specie di produttore, da cui siamo scappati dopo una serie di disavventure al limite dell'improbabile, che vorrei raccontare in un film. Il nostro inizio è sotto il segno del grande teatro scavalca montagne. Incontrammo quest'altro personaggio, che ci disse: ho una chiesa sconsacrata nei boschi toscani, provate lì, vi ospito, vi do tutto io".

La chiesetta è un ottimo spazio prove, la casa dove sistemarsi, invece, non ha né luce né corrente elettrica. Astorri decide di trasferirsi comunque nei boschi e cominciare a lavorare. L'unico punto di partenza è la sensazione che in scena sia necessaria una sedia elettrica. Tintinelli legge *Woyzeck* e il testo la manda in fibrillazione. Propone che, oltre alla sedia elettrica, sia presente un manichino. Li realizza entrambi e li porta in Toscana. Così nasce *La ballata di Woizecco*. È una gestazione lunga, basata sulla fusione di due diversità, lei più fisica, lui attore in chiave più classica, integrati in uno stile unitario. Improvvisano, prendono uno le note di regia dell'altra, confrontano e mescolano i piani.

"Abbiamo incontrato questo altro personaggio", dice Alberto, "uno che ci diceva, ho venti, venticinque date. Non erano vere. Nessuna data vera. Ci fa debuttare al Teatro Signorelli di Cortona. I nostri primi passi sono segnati dal fallimento. Arriviamo per recitare questa primissima versione dello spettacolo, mancavano dieci minuti e non si sentiva nessuno in platea, non c'era pubblico. Sono andato a pisciare e ho aperto la finestrella del bagno, che dava sulla strada. E vedo questo tizio che ferma i turisti. "Come

Astorri Tintinelli, *Raccapriccio*, 2020, locandina. Foto di Erika Bison

in! There is a performance!" gridava. È riuscito a buttare dentro dieci o quindici stranieri che hanno visto il nostro primissimo debutto. In un teatro da quattrocento posti".

La ballata di Woizecco contiene in nuce l'intera poetica di Astorri/Tintinelli, tanto che i due artisti affermano che, forse, avrebbero potuto fermarsi lì. Al contrario, il debutto coincide con la nascita della compagnia: vengono fusi i cognomi, fondata un'associazione culturale, aperta una partita IVA. Nessuna storia teatrale si sottrae, prima o dopo, al battesimo dell'Agenzia delle Entrate. Fra i classici del teatro, il *Macbeth* di William Shakespeare sembra perfetto per mettere ulteriormente alla prova il lavoro della coppia: nel 2004 debutta *Mac e Beth*, riscrittura (o forse demolizione) dell'originale, ambientata in un locale di provincia, fra fallimentari numeri da avanspettacolo e violenze coniugali.

Da questo momento la compagnia produce nuovi lavori con costanza, quasi uno ogni anno, da *Tutto il mio folle amore* (2005), dedicato a Pier Paolo Pasolini, passando per *Titanic (una fiaba del vecchio millennio* (2007), fino ad arrivare ad opere come *Con tanto amore, Mario* (2010), *L'amore ti fotte* (2016), *Il sogno dell'arrostito* (2016). Spettacolo dopo spettacolo Astorri e Tintinelli approfondiscono la loro cifra da poeti rock delle cantine, sempre affrontando materiali letterari "alti" e mandandoli in frantumi su una scena al tempo stesso ironica e disperata. Rimangono sempre indipendenti, praticando l'autoproduzione, tranne che per *I giorni fragili di Adamo ed Eva* (2014), epopea del quotidiano di una coppia divorata dai rimpianti, che viene prodotto da Teatro i. All'epoca la legge sul teatro imponeva agli spettacoli in circuitazione un numero minimo di assunti, il che avrebbe alzato troppo i costi del chachet. Lo spettacolo si ferma dopo le repliche milanesi.

"Nessuno ci può dire come concepire il teatro che abbiamo in testa", dice Alberto. "Essere indipendenti significa fare quello che vogliamo, come lo vogliamo. Se un anno vogliamo lavorare su una partitura di John Cage o su una poesia di Baudelaire, lo possiamo fare al di là del Dio Mercato. Abbiamo sempre scelto. Abbiamo sempre cercato di andare in tournée senza tecnici, di girare con le nostre cose. Abbiamo investito, comprandoci tutto quello che ci occorre: luci, fonica, cavi, valigie e valigette".

Astorri Tintinelli, *La ballata di Woizzecco*, 2003

Questa autarchia picaresca trova il suo culmine col progetto *Volkswagen Traumer* (2015). Il duo attraversa l'Italia da nord a sud su un pulmino bianco e azzurro fermandosi nelle piazze, nei mercati, davanti ai teatri, incontrando le persone, invitandole a salire a bordo e a registrare i propri sogni su vecchie cassette magnetiche. Astorri e Tintinelli non si sono mai corrisposti buste paga, e non hanno mai avuto un organizzatore. Fanno tutto in casa, dividendosi i compiti.

"La ferramenta di mio padre è stata chiusa sei anni fa", dice Paola. "Lo spazio lo sto tenendo io come un magazzino in cui si costruiscono cose. All'inizio, per la sussistenza della compagnia è stata essenziale: potevamo prendere ferro, bulloni, oggetti. Le nostre scene sono sempre le stesse, oggetti che scomponiamo e ricomponiamo e ci accompagnano da anni. Adesso è diventata anche un punto d'incontro, vediamo film, organizziamo piccole letture, proviamo delle cose con gli amici. È un posto importante. Due stanze, piene di cose".

Astorri Tintinelli, *Raccapriccio*, 2020. Foto di Alessandro Angelelli

L'equilibrio su cui Astorri/Tintinelli hanno fondato la propria esistenza è vicino alla passeggiata sulla corda di un funambolo. Si sostiene soprattutto attraverso una rete di relazioni costruite nel tempo con piccoli spazi, teatri indipendenti, sale che continuano a programmare un teatro che offre allo spettatore un non visto. La compagnia riesce a programmare ogni anno una ventina di repliche, il che ne garantisce la vita a filo d'acqua. Parallelamente i due artisti accettano singolarmente lavori con altri registi e compagnie. Una prassi fondamentale non soltanto per ragioni economiche, ma anche per non fossilizzarsi in una modalità creativa ripiegata su sé stessa.

"Quello che mi da fastidio è che cercano sempre di collocarti", dice Alberto. "Chi programma le stagioni viene a vederti in una cantina, e lì ti inquadra, dice: ok, questi hanno bisogno di un teatro piccolo. Ma io lo so

Astorri Tintinelli, *Raccapriccio*, 2020. Foto di Alessandro Angelelli

adattare lo spettacolo, lo so fare anche in un teatro grande. Il Teatro delle Albe ci ha invitati a recitare *Follìar*, ma erano preoccupati. Il Rasi è un teatro grande, dicevano. Funzionerà? Alla fine, ha funzionato. Bisognerebbe sempre mettere in scena una parete dieci metri per cinque, così che chi gestisce i teatri possa dire: ah, ma questi hanno una scenografia, li dobbiamo mandare in una sala adeguata. Due attori, con lei che tiene in tasca una macchinetta che fa dei rumori, non li convincono. Però alla fine lo scelgono loro il teatro che la gente vede. Il percorso ventennale di Astorri/Tintinelli la gente non lo conosce, non lo potrà vedere mai. Questo oblio non riguarda solo noi. Penso a Danio Manfredini, uno degli artisti più grandi che abbiamo: possibile che lo programmino così poco? Che non gli diano duecentomila euro, una sala e mezza stagione per fare le sue cose? O Claudio Morganti, stesso discorso".

Nel 2020, il regista Antonio Latella compone il programma del suo quarto ed ultimo anno di Direzione alla Biennale Teatro di Venezia invitando solo artisti italiani piuttosto giovani, quasi a voler fissare un suo personale canone della scena di domani. Astorri e Tintinelli ricevono la prima chiamata da un contesto istituzionale, con il risultato paradossale di essere il gruppo più vecchio del giovane teatro italiano. Presentano *Raccapriccio,* una meditazione poetica e intrinsecamente acida, che si immerge nel lavoro poetico di Baudelaire per celebrare la morte della speranza e la futilità del teatro.

"Una dinamica a cui ci siamo sempre sottratti è che siano sempre gli artisti che devono inseguire i direttori, gli organizzatori", dice Astorri. "Non è mai il contrario. I teatri hanno escluso gli attori. Non ci sono proprio più gli attori nei teatri, non ci sono ensemble o compagnie stabili. Gli stipendi sostengono gli uffici, vanno ai comparti organizzativi. Gli artisti sono sempre appesi a quel progetto, a quella scrittura, magari breve, magari senza prove pagate. Abbiamo lavorato con il Teatro della Contraddizione, con Teatro i, è vero che non abbiamo mai cercato i teatri maggiori, ma quelle volte che ci siamo messi a scrivere, a mandare proposte, semplicemente non abbiamo ricevuto risposte. Né positive, né negative. Figurarsi qualcuno che dice: ecco, mi interessa il vostro lavoro, vi do per un mese la nostra sala, fateci quello che volete".

A Milano Astorri e Tintinelli hanno dato i loro spettacoli soprattutto al Teatro della Contraddizione, con cui hanno un rapporto che va oltre le consuetudini di programmazione, condividendo una visione della pratica teatrale slegata da questioni economiche e centrata sulla costruzione di *modi per vivere la vita.* Pur coprodotto dalla Biennale di Venezia, *Raccapriccio* non sembra essere avviato verso un numero di repliche più alto rispetto alla media della compagnia, né riscuotere l'interesse dei programmatori dei circuiti più istituzionali.

Il 10 Ottobre 2021 lo spettacolo va in scena per la sua ultima replica milanese proprio alla Contraddizione. In questo periodo la pandemia sembra essere sotto controllo, e lo Stato comincia ad allentare la sua *haute survelliance* sullo spettacolo dal vivo: dal giorno dopo le sale teatrali potranno di nuovo accogliere gli spettatori a piena capienza, mettendo in vendita tutti i posti disponibili.

Alla fine dello spettacolo, gli artisti vengono salutati da lunghi applausi e sembrano particolarmente commossi. Alberto Astorri prende la parola e annuncia che è stata l'ultima replica dello spettacolo, ma anche della compagnia: Astorri/Tintinelli chiude.

In scena è stata usata la riproduzione di un grande uovo, simile a quello di uno struzzo, che a un dato momento va in frantumi. Paola Tintinelli porta sul palco la scatola che contiene tutte le uova rimaste per le repliche future. Gli spettatori vengono invitati a salire in scena e a distruggerle, nel modo che preferiscono. Una ad una, smettono di esistere sul pavimento.

Essendo sempre stati percepiti come una sorta di rock band underground, non è detto che Alberto Astorri e Paola Tintinelli non tornino sui loro passi. Non sarebbe né il primo né l'ultimo addio alle scene rimangiato da un artista. Il fatto che una delle più valide compagnie di ricerca nel nostro panorama nazionale decida di non continuare a produrre, sostanzialmente per la sensazione di non potersi mai muovere dal luogo in cui si trova, è però un indicatore preciso di ciò che non funziona nel sistema teatrale italiano: l'appiattimento sui numeri, l'avvitarsi su sé stesso del sistema finanziamenti/circuitazione, la difficoltà di avere accesso agli spazi di rappresentazione in rapporto alla qualità del proprio lavoro.

Alma Rosé, *C'era un'orchestra ad Auschwitz*, 1997. Foto di V. Ferrario

Abitare la città

Alma Rosé

Un lavoro particolarmente connesso e intrecciato con il tessuto urbano e i cittadini di Milano è quello di Alma Rosé, che negli anni ha stretto un cerchio sempre più preciso attorno al suo territorio d'elezione, declinando le tematiche del suo particolare approccio a un teatro documentario partendo dal sole argentino per arrivare alla nebbia padana.

Nel 1997 lo spettacolo *Alma Rosé*, di Annabella Di Costanzo ed Elena Lolli vince il premio Scenario. Dopo tre anni, con lo spettacolo *Gente come uno* (2001) si unisce al gruppo Manuel Ferreira, che va a completare *l'ensemble* definitivo.

"*Gente come uno* è uno spettacolo che segna la nostra storia", dice Manuel Ferreira. "Venivo da un'esperienza da freelance, un nomade al lavoro occasionale con diversi registi, ed ero stanco di stare da solo. Il gruppo aveva bisogno di organizzarsi, abbiamo unito le competenze e così è nata la compagnia".

Ferreira è un attore argentino, origine che avrà un forte peso nei primi lavori di Alma Rosé: "Sono arrivato in Italia nel 1992 con il viaggio tipico dei sudamericani, che vengono in Europa qualche mese per viaggiare, conoscere altre realtà, un po' come un lungo interrail. Qui ho vinto una borsa di studio, era una delle prime istituite dalla Comunità Europea, e così ho avuto la possibilità di rimanere a Milano, al Piccolo Teatro, dove facevo l'uditore. A partire da lì mi sono sempre ripetuto: dai, resto altri tre mesi e poi parto. Ho preso un piccolo margine, sono passati trent'anni".

Gente come uno (2003) è il primo spettacolo di una trilogia dedicata all'Argentina, con cui la compagnia definisce il proprio metodo creativo e drammaturgico basato sulla pratica dell'inchiesta. Il lavoro racconta la crisi economica del 2001 e le conseguenze sulla classe media del connesso default del Paese, partendo dal lungo racconto di un testimone. Successivamente realizza *Fabricas* (2007), che si occupa, attraverso le testimonianze dei lavoratori, del fenomeno delle imprese fallite, occupate e fatte funzionare nonostante l'abbandono da parte dei proprietari. Infine, porta in scena *Mapu Terra* (2011), il racconto della vicenda di una coppia Mapuche che nel 2003 ritorna a vivere nella propria terra d'origine, in Patagonia, ma viene sfrattata dal gruppo Benetton, che aveva acquistato circa un milione di ettari patagonici. La coppia, Attilio e Rosa Curinanco, viene in Italia per raccontare la propria storia, e la compagnia vola in Argentina per approfondirla.

"Il nostro primo spettacolo di inchiesta", dice Manuel Ferreira, "è nato da un piccolo gruppo di studio che si chiamava *La memoria del presente*. Dentro c'erano Gigi Gherzi, c'era la compagnia Qui e ora, c'era Silvia Gallerano, che poi ha avuto successo internazionale con un monologo, *La merda*. Ci si interrogava su come raccontare il presente. Soprattutto noi, che venivamo dall'esperienza di approfondire una tragedia del passato, con *C'era un'orchestra ad Auschwitz*".

Alma Rosé sente sempre di più il bisogno di raccogliere il materiale vivente, a partire dal quale crea le sue drammaturgie, non solo da contesti reali, ma di prossimità. Il tema della città entra prepotentemente nel lavoro, che si esplicita in *Canto per Milano* (2011). In anni in cui il sensibile cambiamento di asse prodotto in città dalla giunta Pisapia è ancora lontano e difficile anche solo da immaginare, sotto il governo di Letizia Moratti, Manuel Ferreira intervista "le persone che, secondo me, stavano costruendo Milano in modo differente. Lo spettacolo finiva sotto la sede del Comune, a Palazzo Marino, dove cantavo una canzone intitolata *Un uomo in comune*. Era un modo per dire: noi siamo qui, dove siete voi?".

Alma Rosé continua in altri spettacoli a occuparsi di temi legati alla città e soprattutto alle problematiche di chi la abita. Lavorano sulle seconde generazioni e sulla maternità, sempre partendo da un attento studio del contesto e da approfondite interviste alle persone che intendono fare materia di racconto.

L'elemento che sposta ulteriormente il centro di interesse del gruppo verso una forma di assoluta territorialità sono i figli.

"Quando abbiamo avuto dei figli, ovviamente li abbiamo mandati a scuola", dice Manuel Ferreira. "Ho un'indole per cui non riesco assolutamente a fermarmi, divento logorroico, vorrei sempre poter mettere

Alma Rosé, *Gente come uno*, 2003. Foto di P. Vitali

insieme il mondo. Allora ho cominciato a fare teatro con i bambini piccoli. Non facciamo spettacoli con loro, per una questione didattica. Ma facevamo queste lezioni aperte in cui i genitori venivano a lavorare con noi e i bambini, e questi genitori hanno cominciato a dire: ma non potremmo fare anche noi qualcosa con voi, perché davvero ci piacerebbe molto".

Così, intorno al 2012, nasce il primo gruppo di quelli che Alma Rosé definisce "i cittadini attori". Genitori che praticano il teatro con una formula molto particolare, incontrandosi una volta ogni quindici giorni. Dal primo gruppo di quindici persone negli anni si è passati ad oltre sessanta partecipanti. Gli spettacoli non sono classici saggi da corso amatoriale, ma nascono da ricerche e scritture dedicate alla città. Trascorso il periodo pandemico delle chiusure più rigide, Alma Rosé ha declinato questi materiali in una serie di passeggiate teatrali, spettacoli itineranti che raccontano Milano.

"Abbiamo imparato tantissimo", dice Manuel Ferreira. "Come si lavora in un territorio, come lo si ascolta. Il problema è quando uno va a colonizzare, quando tenta di imporre una pratica artistica. Magari l'arte arriva e non è ciò di cui c'era bisogno. Devi restare in ascolto. Vediamo finanziare molti progetti perché sono scritti benissimo, ma poi il problema sta nell'applicazione. I progetti vengono finanziati, ma le azioni non si realizzano. Gli enti erogatori non dovrebbero controllare solo i progetti in entrata, sulla carta, ma soprattutto in uscita, quando vengono realizzati. Ci si ritrova spesso di fronte a eventi effimeri, un po' degli spot. Anche noi, a volte, veniamo chiamati in situazioni simili, e io mi dico: ma che senso ha che io venga a fare uno spettacolo in questo quartiere, dove c'è bisogno di altro? Ora le cose sono un po' migliorate e a Milano i territori sono un po' più consolidati. Ma ricordo che all'inizio, stavamo curando un progetto al quartiere Barona, ho detto basta, non faccio spettacolo in questo cortile, perché mi ammazzano. Finirà che mi lanceranno dei mobili dalla finestra. Lo racconto ridendo, ma in realtà avevo paura".

Le forme di teatro urbano e partecipato non sono certo convenzionali, ma negli ultimi anni sono sempre più richieste e vengono inserite all'interno dei bandi di enti pubblici e privati. Il rischio è quello di stimolare un grande sforzo progettuale a livello quantitativo, ma di finire per dare poco ascolto alle risorse locali che concretamente producono attività con un lavoro sul campo, quotidiano e poco visibile dalla distanza delle burocrazie. Un lavoro sul territorio, per essere efficace, richiede anni, quasi come portare alla piena espressione un orto, mentre i capitoli di finanziamento accessibili per questo tipo di progetti coprono mediamente un anno, un anno e mezzo di attività.

"È una cosa che io chiedo", dice Ferreira. "Non fate bandi di un anno, non serve a niente. Se promuovete un bando territoriale, prendete coraggio e dite: per cinque anni. Perché in un anno al massimo conosci delle persone e le saluti con la mano".

È comunque un fatto che le pratiche teatrali siano sempre più riconosciute, anche a livello istituzionale, come strumenti di sviluppo sociale e relazionale all'interno di quartieri e comunità specifiche, con effetti e ricadute sul territorio verificabili e misurabili, sia quantitativamente che qualitativamente, con diversi strumenti messi a punto perlopiù nell'ambito della sociologia urbana.

"C'è tutto questo nel nostro lavoro, ma se devo dire la verità, se devo dire perché lo faccio", dice Manuel Ferreira, "è perché mi fa stare bene. Le relazioni migliorano davvero tanto. Penso sia la base della coesione sociale. Si creano infinite risorse incrociate e solidali, perché hai costruito una rete vera, basata su una reale conoscenza. Le persone aderiscono al teatro come aderiscono al Milan; voglio dire che tifano il teatro come tifano il Milan, o l'Inter, se vuoi. Ci fa stare bene avere una tribù, una tribù con cui vivere. La verità è che i primi beneficiari di tutto questo, siamo noi."

Riserva Canini in camerino. Foto di Claudio Signorini

Cercare un teatro che ti corrisponde

Riserva Canini

In Italia il Teatro di Figura è visibile perlopiù nel contesto del Teatro Ragazzi, e molto difficilmente trova posto nelle stagioni ufficiali dei teatri. Il fatto ha un che di paradossale, dal momento che le uniche tradizioni sceniche realmente italiane sono il melodramma e la Commedia dell'Arte, entrambe in qualche modo semanticamente più vicine alla figura che alla prosa. In ogni caso, Marco Ferro e Valeria Sacco hanno dovuto cercare e vendere il loro teatro soprattutto all'estero.

Ferro e Sacco si conoscono alla Civica Scuola di Teatro Paolo Grassi, dove lei studia recitazione e lui drammaturgia. La scuola, a fine anni Novanta, è molto diversa da quella molto strutturata di oggi: il piano di studi ha ampi spazi vuoti e gli studenti ne approfittano per provare spettacoli in autonomia con i propri compagni. In questo contesto nasce *Fuga da Erode*, che può essere considerato una puntata zero di quello che sarà, pochi anni dopo, il lavoro della compagnia Riserva Canini. Uno spettacolo sfilacciato e non risolto, appassionante e pieno di idee, che senza troppa consapevolezza gioca già a mescolare la recitazione con elementi tipici della figura: maschere, ombre e pupazzi.

Galeotto dell'innamoramento per questo mondo fu un insegnante della scuola, Remo Melloni, esperto e vero appassionato di burattini, maschere e antiche tradizioni popolari. Inesauribili erano i documenti e i video sul tema che negli anni si era procurato (con metodi più o meno ortodossi) e che generosamente condivideva con gli allievi. Terminati i corsi ormai da due anni, a settembre 2003, Melloni invita Valeria Sacco e Marco Ferro ad unirsi ad una macchinata di burattinai in partenza per il Festival Mondiale dei Teatri di Marionette di Charleville-Mézierès.

"Da un giorno all'altro siamo saliti in macchina con questo sconosciuto", dice Marco Ferro. "Era un burattinaio emiliano piuttosto pazzo, che oltretutto alla guida aveva continui e terrorizzanti colpi di sonno. Al festival c'era un campeggio, siamo rimasti una decina di giorni e abbiamo visto una quarantina di spettacoli".

"A Charleville-Mézierès c'è anche l'Institut International de la Marionette", dice Valeria Sacco, "una delle più antiche scuole di teatro di figura del mondo. Il Festival è un posto dove vedi di tutto, una piccola Avignone o Edimburgo, però in chiave di figura. Ci sono le sale off che programmano la compagnia indipendente cecoslovacca con un attore in scena, così come l'antico ensemble vietnamita di marionette sull'acqua con lo spettacolo montato al palazzetto dello sport, oppure il regista di ricerca di punta di questo genere di teatro. È stata un'immersione nelle potenzialità di un linguaggio".

Il viaggio è effettivamente il battesimo della nascita della compagnia, il luogo in cui i due artisti decidono che, sì, questa è la lingua che vogliono parlare sul palcoscenico. Decidono anche che il punto di partenza del loro lavoro deve essere la grammatica. A Charleville-Mézierès hanno assistito a esperimenti, ibridazioni, attori che recitano con marionette a grandezza umana, contaminazioni con nuove tecnologie e strumenti digitali. Loro inizieranno a lavorare dalla base, dal burattino e dalla sua baracca.

"A 24 anni siamo stati abbastanza maturi da circoscrivere tutto attorno alla tecnica a guanto, che è la più immediata, perché sì, è una tecnica, ma non ha troppi tecnicismi", dice Marco Ferro. "Non è legata a specificità troppo complesse, richiede uno studio, grande allenamento. Abbiamo potuto farlo per un anno perché abbiamo incontrato Paola Bassani, che gestiva il Teatro Laboratorio Mangiafuoco a Milano. Lei veniva dall'esperienza di Otello Sarzi, questi maestri del teatro di figura italiano, da cui è poi venuto fuori Mariano Dolci, anche. È stata molto generosa, ci ha dato la possibilità di lavorare nel suo laboratorio in totale indipendenza, offrendoci una sorta di tutoraggio. Ci dava dritte soprattutto per quanto riguarda la costruzione. Gratuitamente. Secondo il principio che nel teatro di figura, per tanti anni, è stata l'unica modalità: quella di andare a bottega".

La figura ha un elemento determinante che riguarda l'artigianalità. È necessario avere un tavolo da lavoro, gli attrezzi necessari per il legno, per i costumi. La trasmissione di competenze è molto legata al fare. Il burattinaio insegna mostrando i propri pupazzi. Il laboratorio di Paola Bassani consente di avere accesso a materiali di riciclo collezionati in anni, scampoli di stoffe di tutti i tipi, tappi, bottoni, filati, baracche di diverso formato, per capire cosa significa lavorare in una baracca di una dimensione piuttosto

Riserva Canini, *Il mio compleanno*, 2018. Foto di Luana Giardino

che di un'altra. Valeria Sacco inizia a cucire e creare costumi, Marco Ferro approfondisce il suo rapporto col disegno, che è il primo approccio quando si lavora con la figura: l'inanimato che improvvisamente diventa animato.

"Noi comunque eravamo andati a bottega già con un progetto di spettacolo in tasca", conclude Marco. "Eravamo reduci da un anno di esperimenti fatti con le maschere, io, Valeria e Lino Musella, che ormai è diventato uno dei più famosi attori italiani. Abbiamo trasformato il lavoro in una drammaturgia per burattini. Il nostro confronto con il lavoro spaziale dentro la baracca lo abbiamo portato avanti con grandissima autonomia e libertà. Tanto che poi non è stato molto apprezzato dagli addetti ai lavori".

La triste storia di un altro diavolo, spettacolo per baracca e burattino, debutta nel 2004 ed è il battesimo della compagnia Riserva Canini. Attorno al lavoro su creazioni originali i due artisti cercano continuamente occasioni di formazione e collaborazioni che gli corrispondano.

"Appena uscita dalla Paolo Grassi", dice Valeria Sacco, "avevo fatto uno stage al Piccolo Teatro con Guido Ceronetti. Le marionette di Guido aprivano a un teatro estremamente crudele, ironico, intellettuale, esclusivamente rivolto a un pubblico adulto. E c'era questa idea di un teatro di strada, di un teatro povero, che ha sempre abbracciato con il suo Teatro dei Sensibili. Ho continuato a lavorare con lui finché non è mancato, nel 2018".

"Ho seguito un percorso in una produzione di Giulio Molnàr", dice Marco Ferro. "Questo incontro, che poi è tornato in varie forme nei nostri spettacoli, ci ha dato una prospettiva su una tecnica della figura che è quella dell'oggetto, che per noi è preziosa. Poi il Teatro Gioco Vita ci ha aperto le porte dell'ombra".

Gioco Vita è una compagnia piacentina specializzata in teatro d'ombre, forse una delle realtà più importanti in Italia fra quelle che si dedicano al Teatro Ragazzi, con una solida rete internazionale che gli garantisce lunghe tournée. Valeria Sacco viene selezionata a un provino, ma per una sovrapposizione di impegni rinuncia al lavoro. L'incontro con il regista principale della compagnia, Fabrizio Montecchi, è comunque molto positivo e si crea un contatto condito da molta curiosità nei confronti di una compagnia di giovani che si occupa di teatro di figura.

"Nella *Triste storia* a un certo punto il burattino spariva e compariva nel quadrato della baracca la mano nuda che lo animava", dice Valeria Sacco. "È un racconto della nostra ingenuità. Siamo arrivati a quella mano per il tipo di lavoro che stavamo facendo, per la sperimentazione estrema, per perseguire il senso fino in fondo. Poi, scopri che mastri degli anni Trenta avevano già fatto quella cosa, perché se ti cimenti con quel linguaggio e vai all'osso, arrivi alla mano nuda, è per forza così. Se non lo sai, ti senti pioniere dell'averlo scoperto tu".

"La bellezza che contraddistingue questo lavoro è quella di scoprire le cose da soli", dice Marco Ferro. "Nella scoperta c'è sempre qualcosa che risuona e ti rimane qualcosa di molto importante, anche se la scoperta che hai fatto è sostanzialmente quella dell'acqua calda".

Valeria Sacco e Marco Ferro cominciano a lavorare con Gioco Vita in qualità di attori/animatori nel 2005 nello spettacolo *Una Topolino alla Mille Miglia* su testo di Edoardo Erba. L'esperienza è positiva, tanto che l'anno

Riserva Canini, *Talita Kum*, 2012. Foto di Stefano De Ponti

successivo Fabrizio Montecchi, non potendo seguire una nuova produzione per impegni all'estero, propone loro di curare la regia del nuovo lavoro di Gioco Vita. Nella strafottenza dei loro venticinque anni, i due rilanciano: faranno la regia, ma vogliono anche scrivere una drammaturgia originale. La proposta spaventa la produzione, che di solito lavora su titoli consolidati, ma, nonostante ciò, viene accettata.

Nasce così *La notte illuminata* (2006), con Maurizio Patella e Silvia Paoli. Marco Ferro e Valeria Sacco passano così dall'autoproduzione alla gestione di uno spettacolo con un budget, una costumista, uno scenografo, uno staff organizzativo: tutti quei ruoli che, spesso, nel teatro indipendente, sono assunti a titolo gratuito da attori e registi. Lo spettacolo riscuote un discreto successo e ottiene ottimi riscontri dal punto di vista della circuitazione.

"Dal 2005 in poi abbiamo vissuto lavorando con Gioco Vita ora come attori, ora come registi o autori", dice Marco Ferro. "Avevamo i nostri stipendi ed eravamo sempre in tournée, soprattutto in Francia. Abbiamo avuto questa possibilità di conoscere il circuito francese e di capire che lì e in altri paesi europei riconoscevano il teatro di figura come un genere teatrale nobile, non soltanto di nicchia. Arrivi in teatro alle dieci del mattino e trovi il direttore del teatro ti stringe la mano, ti accompagna in camerino, ti offre un caffè. Come negli spettacoli serali. Nel 2008, abbiamo deciso di prenderci un anno tutto per noi".

Già dal 2007 Riserva Canini aveva riattivato la sua costante pratica di formazione. Tramite una borsa di studio tornano a studiare a Charleville-Mézierès, alla scoperta di nuovi libri e nuovi video. Valeria Sacco trascorre un periodo di ricerca in Argentina con Philippe Genty. Marco Ferro segue a Londra l'allestimento di *War Horse*, dei sudafricani Handspring Puppet Company (compagnia con cui collabora l'artista William Kentridge), una sorta di musical in cui pupazzi di cavalli a taglia umana galoppano sul palco. Sempre nel 2007, nelle pause della tournée, Marco Ferro frequenta e registra assemblee di condominio a Milano, Roma e Napoli, con l'intenzione di usare il materiale raccolto per uno spettacolo.

"Nel 2008 realizziamo *L'ordine del giorno*", dice Valeria Sacco. "Avevamo conosciuto Alberto Astorri e Paola Tintinelli, con cui si era creata una sintonia, e li abbiamo coinvolti come attori. Grazie a Luca Ricci, che poi avrebbe dato vita a Kilowatt Festival, siamo andati a Pieve Santo Stefano, per un mese e mezzo, a montare il lavoro. Lo spettacolo ha fatto tre repliche. È stato un fallimento totale, una débâcle. Abbiamo voluto metterci tantissime cose che avevamo acquisito in quegli anni, sia dal punto di vista tecnico, sia da quello poetico. La produzione era piccola, non avevamo alle spalle risorse che ci dessero chissà quali possibilità. Abbiamo commesso tante belle ingenuità, che poi ci hanno portato al naufragio. L'indipendenza, qui, è stata una grande fragilità. Avevamo tralasciato che le grandi compagnie europee che ci avevano affascinato per ogni lavoro avevano tra i sei e gli otto mesi di prove, tutti i giorni in sala con gli attori. Siamo riusciti a mettere in piedi un suicidio programmato: uno spettacolo di figura per adulti, una drammaturgia originale di un autore sconosciuto, cinque attori in scena e una scenografia che aveva bisogno di lunghi tempi di montaggio. Un prodotto che nessuno voleva".

Riserva Canini, *Little Bang*, 2016. Foto di Danilo Donadio

Lo strascico della caduta dello spettacolo è pesante. Valeria Sacco e Marco Ferro erano una coppia non solo in scena, ma anche nella vita: dopo questa esperienza, finiscono per lasciarsi. Prendono un anno di pausa. Valeria torna al Teatro dei Sensibili di Guido Ceronetti. Marco lavora nell'Opera, con il regista Federico Grazzini, curando gli interventi di figura nei suoi spettacoli. Si riuniscono nel 2010 perché gli viene commissionato, da Campsirago Residenza, uno spettacolo su Hansel e Gretel. Il lavoro, montato in dodici giorni, è uno dei più grossi successi commerciali e di circuitazione di Riserva Canini. I due artisti cominciano a riflettere seriamente sulle regole del mercato teatrale, e sulla necessità di tenerle in forte considerazione, pur senza tradire la propria poetica.

"In quel periodo Gioco Vita ci ha chiamato come attori per uno spettacolo, *Ranocchio*", dice Marco Ferro. "Venivamo da una rottura anche sentimentale. Per noi poteva avere senso lavorare in uno spettacolo non nostro solo se, contemporaneamente, avessimo avuto la possibilità di portare avanti il nostro sodalizio artistico. Così abbiamo accettato, a condizione che ci dessero uno spazio per provare nei momenti di pausa. Ci diedero il San Matteo, un piccolo teatrino di Piacenza. Abbiamo iniziato a lavorare a *Talita Kum*. Poi, in tournée, al pomeriggio, portavamo avanti la drammaturgia e l'audio dello spettacolo".

Talita Kum è uno spettacolo che parla di relazione, di incontro, di conoscenza, del doppio. È soprattutto un'esperienza intorno ai limiti del corpo e al potere della suggestione. Valeria Sacco si sveglia e incontra una creatura, vestita di nero, entra in contatto con lei, passa dalla paura alla tenerezza, si perde in un passo a due, impara a comunicare. Il lavoro dura quaranta minuti. Solo durante gli applausi il pubblico si rende conto che la creatura non è una persona, ma una marionetta a grandezza umana, animata dalla stessa Valeria.

"La prima versione, nel 2011, era piuttosto ingombrante dal punto di vista scenografico", dice Valeria Sacco. "Quell'anno sono andata a Charleville-Mézierès a vedere il festival e ho mostrato dei video ad alcuni operatori francesi. Per loro lo spettacolo era una bomba. Dentro c'è una ricerca sulla marionetta che ancora nessuno ha mai fatto, c'è proprio una tecnica di manipolazione nuova. Ci hanno invitato a fare lo spettacolo a Nancy, in un festival importante. Avevamo una residenza, e un debutto. Ci siamo detti che dovevamo puntare sull'estero, che dovevamo essere agili, che lo spettacolo doveva andare in giro con noi su un aereo. Oggi *Talita Kum* va in tournée dentro tre valigie".

Lo spettacolo ha avuto un grande successo, soprattutto nel giro dei festival. È stato rappresentato in Sudamerica, in Asia, nell'Est Europa, e continua a essere richiesto. Intanto, Riserva Canini ha continuato a realizzare spettacoli nei quali ibrida diversi linguaggi teatrali in un'interpretazione originale del teatro di figura, come *Little Bang* (2016), *Il mio compleanno* (2018), *Non ho l'età* (2019).

"Ho cercato il viaggio tantissimo", dice Valeria Sacco. "Portare in giro quello che fai, il tuo lavoro, e incontrare persone. Lavorare nello sconosciuto. Una città sconosciuta, un albergo, un teatro sempre nuovo. Sapere che in quei giorni vivrai quella città come se fosse tua, perché stai lavorando, non sei un turista, però, in realtà, nulla è tuo. È una dimensione in cui ho sempre provato un autentico senso di libertà".

Spazi indipendenti e spazi ibridi
Da Pim a ZONA K

Il tessuto urbano di Milano tende a mutare velocemente fra gentrificazione dei quartieri, riconversione di impianti industriali e progetti di pianificazione territoriale (come quelli ambiziosi che interesseranno le aree degli scali ferroviari dismessi). Questa irrequietezza dei luoghi appartiene anche al teatro. Negli ultimi anni, si è assistito all'imponente ristrutturazione del Teatro Puccini di corso Buenos Aires da parte del Teatro dell'Elfo; alle migrazioni della compagnia Tieffe Teatro che, lasciato il Teatro Filodrammatici, ha trovato casa prima al Teatro Oscar, poi allo Spazio Mil di Sesto San Giovanni, per approdare infine in via Menotti, ex-sede dello stesso Teatro dell'Elfo, rinnovata completamente nel 2021; alle trasformazioni del teatro Franco Parenti il quale, dopo la ristrutturazione della sala e del foyer, ha preso in concessione l'adiacente ex piscina pubblica Caimi, storico impianto anni trenta, restituendola alla città col nome di *Bagni misteriosi* e avviando una sperimentazione inedita che affianca balneazione pubblica e spettacolo dal vivo.

Anche la scena indipendente partecipa a questo movimento aprendo piccole sale, sperimentando rassegne in locali pubblici o circoli, aprendo un teatro in luoghi in cui era difficile poterlo immaginare. Per anni il Teatro Libero, fondato da Corrado d'Elia e chiuso definitivamente in seguito alla pandemia, ha realizzato una stagione teatrale in una piccola sala al quarto piano di un condomino di via Savona. Le Belle Arti APS ha coinvolto nel progetto ARTEPASSANTE più di trenta realtà, trasformando 17 spazi espositivi in disuso, all'interno delle stazioni del passante ferroviario milanese, in luoghi d'arte, fra cui anche sale teatrali. L'Associazione culturale Senugal e la cooperativa Fate Artigiane hanno trasformato la Cascina Casottello, una preziosa struttura rurale nell'estrema periferia sud di Milano, in un polo culturale che promuove l'inclusione sociale attraverso la musica e il teatro.

Spesso le compagnie teatrali affrontano gli oneri di gestione di una piccola sala per garantirsi un'esistenza: uno spazio dove mostrare i propri lavori e la possibilità di sostenere le attività attraverso corsi o bandi pubblici e privati. Farsi il proprio teatro, coltivare un pubblico, diventano strumenti per aggirare la difficoltà di essere programmati nelle stagioni delle sale principali. In molti casi, però, gli spazi indipendenti hanno fatto di più, non solo creando presidi culturali in zone della città perlopiù abbandonate a sé stesse, ma sperimentando modelli gestionali e strategie culturali innovative e programmando artisti importanti nel panorama nazionale e internazionale che faticavano a trovare spazio sulla scena milanese.

È il caso di Pim Spazio Scenico, fondato nel 2005 da Maria Pietroleonardo, in un ex-capannone industriale in fondo a Via Tertulliano. Per raggiungerlo si percorreva la strada deserta, ingombra di auto in sosta, infilandosi poi in un vasto cortile di cemento fra carrozzerie e altre attività commerciali. Lo spazio aveva una vocazione multidisciplinare, con una forte attenzione alla drammaturgia contemporanea, ma senza farsi mancare danza, letture, concerti ed esposizioni d'arte.

"Ho iniziato a frequentare la scena teatrale come allieva", dice Maria Pietroleonardo. "Nel tempo si era formato un gruppo, una squadra, tutti con esperienza di palco. Volevamo far nascere qualcosa dal nulla, e ci siamo lanciati nell'impresa. Tutti facevano tutto, tutto il giorno, senza guardare l'orologio. Allo Spazio Pim si era creata un'atmosfera di collaborazione fra lo staff, gli artisti e gli spettatori: un ambiente domestico, una casa-teatro".

Nei primi anni Pietroleonardo si avvale della collaborazione alla direzione artistica di organizzatori e artisti come Edoardo Favetti e Barbara Toma, per assumerla poi in prima persona. I collaboratori non si congelano in un ruolo fisso, ma si muovono fra gli uffici e il palco, guidati dal bisogno di fare più esperienza dal vivo possibile. Il musicista Nicola Arata comincia a tenere le proprie lezioni al PIM e i suoi studenti si lasciano volentieri assorbire dalle altre attività e dalle prove degli artisti. Nascono sperimentazioni e improvvisazioni dal vivo che portano alla nascita della PIM Ensemble Orchestra: lo spazio diventa il primo e unico teatro di prosa milanese che dà casa a una compagnia musicale stabile.

"Il logo di Pim Spazio Scenico era un *tangram*, il rompicapo cinese composto da sette elementi che possono essere ricomposti in diverse figure", dice Pietroleonardo. "Nel nostro *tangram* a ogni pezzo era associata un'idea di intervento: la programmazione, il cantiere, la formazione, le

La sede di Pim Off

residenze, lo staff, la musica, l'archivio. Sette ambiti con i quali chiunque passasse al PIM era invitato a interagire attraverso il proprio progetto. Tutti potevano costruire il proprio disegno, comporre la propria figura".

Fra produzioni e ospitalità, il PIM Spazio Scenico è stato per alcuni anni il luogo dove andare a scoprire i talenti della nuova scena italiana. Dopo l'inaugurazione con *Café Agrado*, per la regia di Massimo Bologna, il piccolo palcoscenico di via Tertulliano è stato calcato da artisti come Filippo Timi, Scimone/Sframeli, Fibre Parallele, Abbondanza/Bertoni, Zerogrammi, Santasangre, Ricci&Forte, Compagnia degli Scarti, Milena Costanzo e Claudio Morganti.

Nei primi anni di vita lo spazio ottiene contributi da Fondazione Cariplo e sovvenzioni da Comune e Provincia, in particolare per i progetti di residenza, che sono da sempre il cuore del lavoro di PIM. Accogliere gli artisti, seguirli nello sviluppo dei propri progetti, è diventato negli anni una delle attività principali dello spazio. Gli artisti ospiti vengono spesso invitati a proporre masterclass (rivolte anche a non professionisti), in uno scambio che ha l'obbiettivo di lasciare un segno generativo del loro passaggio sul territorio.

Nel 2010 il gruppo di lavoro si trasferisce in via Selvanesco, nel Parco Sud di Milano, in un'ex area industriale un tempo sede della Cartiera di Verona. Qui, in una posizione più defilata rispetto al contesto urbano milanese, porta avanti e sviluppa la propria vocazione di casa dedicata al lavoro degli artisti: le sue attività vengono finanziate da un mecenate privato. La sede storica, presa in gestione dall'attore Giuseppe Scordio col nome di Spazio Tertulliano, continua ad ospitare sul proprio palcoscenico giovani artisti della scena cittadina.

Negli ultimi vent'anni la spinta degli artisti ad uscire dai teatri si è fatta sempre più forte. Le azioni performative si sono sviluppate in luoghi di interesse storico, appartamenti, edifici in disuso, fino a dilagare nello spazio pubblico. Come afferma il regista Milo Rau, il teatro lavora principalmente in strutture architettoniche ereditate dal Settecento, che mal si adattano alle esigenze estetiche e politiche della scena contemporanea. Allo stesso tempo, anche la classica programmazione in stagioni (con l'annuncio dell'intero cartellone che si sviluppa più o meno da settembre a giugno

Immagine stagione 2020

di ogni anno) si adatta sempre meno alle mutate forme di fruizione: se lo schema tiene per quanto riguarda i teatri più grandi, sempre più spesso le piccole e medie strutture si sono trovate a fronteggiare endemiche emorragie di spettatori paganti.

Artisti e organizzatori hanno usato Milano come campo di sperimentazione per nuovi modelli di gestione e promozione culturale. Sono nati diversi spazi che si muovono contaminando diverse discipline con modalità inedite dal punto di vista organizzativo e gestionale. Luoghi come Mare Culturale Urbano, BASE Milano, Aprés Coup e altri, propongono programmazioni di spettacolo dal vivo libere da ogni confine di genere, in spazi aperti a una frequentazione quotidiana, spesso collegati a modelli conviviali di ristorazione. La politica fatica a leggere la natura di questi luoghi e a creare strumenti di sostegno e sviluppo che si adattino alle nuove modalità di diffusione culturale. A livello nazionale, un importante lavoro di mappatura dei nuovi centri e delle loro esigenze è stato portato avanti da "Che Fare – Agenzia di trasformazione culturale" (che ha pubblicato sul suo sito *chefare.com* gli ampi materiali raccolti). A Milano, è cominciata una interlocuzione a livello politico per arrivare a una classificazione di quelli che vengono definiti *spazi ibridi* e dare vita a forme di sostegno dedicate. Uno dei principali attori di questo dialogo è ZONA K – Scappatoia Culturale, che in dieci anni di lavoro ha costruito uno dei modelli più innovativi rispetto a queste nuove tendenze.

L'associazione è stata fondata Valentina Kastlunger e Valentina Picariello, che ne curano la direzione artistica insieme a Sabrina Sinatti. La sua sede è una sala, con all'interno alcune colonne, nel quartiere Isola di Milano. Agli inizi le direttrici si concentrano sull'impostazione di un modello imprenditoriale che possa sostenere lo spazio: viene avviato un sistema di affitti brevi, che ancora oggi si alterna agli spettacoli e ai laboratori. Risolta la mera questione economica, nel 2011 viene aperta l'associazione vera e propria e ZONA K comincia a cercare il proprio posto nella già ricca (e forse satura) offerta teatrale milanese. Sono anni dedicati alla sperimentazione di modelli culturali.

"Nella prima stagione", dice Valentina Picariello, "abbiamo percorso un terreno conosciuto, programmando compagnie note con cui avevamo magari già collaborato singolarmente. Nel 2013 abbiamo dato via a Play K, che è andata avanti per alcuni anni, anche questa una formula di stagione abbastanza classica: durava da ottobre a maggio, c'erano alcuni spettacoli e noi ci ponevamo molte domande. Ci siamo rese conto in fretta della difficoltà di far venire il pubblico, il che resta la nostra prima e mai conclusa battaglia. Le domande erano: perché abbiamo messo in piedi questa cosa? Che cosa vuol dire essere l'ennesimo spazio off che ospita compagnie giovani e meno giovani, che hanno meno visibilità sui circuiti conosciuti, se poi non siamo in grado di portare persone a vederle? Si crea un circolo vizioso. È la compagnia a portare il pubblico, la nostra azione diventa giocoforza un corollario e i risultati non sono quelli che si aspettano gli artisti che abbiamo invitato".

Nell'approccio di ZONA K c'è un continuo mettere in crisi e ripensare il proprio ruolo come dispositivo di diffusione culturale e come organismo in rapporto al territorio: il quartiere, la città, il mondo. Bisogna lavorare su un doppio binario, da un lato riuscire a instaurare relazioni sempre più forti attorno a sé, dall'altro capire come posizionarsi nel sistema teatrale cittadino, di modo da supportare realmente il lavoro delle compagnie. Attraverso fondi Cariplo ottenuti in rete con altre realtà, ZONA K comincia da subito un lavoro sulla sua zona di riferimento. L'attenzione per il pubblico resterà sempre una costante, il che forse spiega l'interesse per forme di teatro partecipato e di comunità. Se in generale le proposte in stagione si muovono nell'area dell'innovazione e della ricerca, tradizionalmente di nicchia, la ricerca di un approccio popolare e aperto è costante: dal 2013 al 1018 si esprime nel festival KULT, che nasce proponendo prevalentemente attività rivolte ai bambini, per poi diffondersi in altri quartieri con le successive declinazioni ISOLA KULT e GARIBALDI KULT, andando a costruire una fitta rete di collaborazioni e sinergie fra abitanti, scuole, associazioni e commercianti.

"Il primo passo per iniziare a ragionare in modo diverso è stato il Focus sui Balcani, nel 2013", dice Valentina Picariello. "Abbiamo ospitato Mala Kline, dalla Slovenia, coreografa, attrice e musicista, e il croato Oliver Frljić, con uno spettacolo meraviglioso sulla memoria e i suoi guasti, *Odio la verità*. Porre l'attenzione su un paese europeo, con la conseguente serie di relazioni, con i consolati o con le comunità di riferimento, poteva essere una direzione fertile. Così, nel 2014, decidiamo di proporre un Focus Germania e invitiamo i Rimini Protokoll. Chiedendoci anche se non stessimo osando troppo".

All'epoca i Rimini Protokoll erano un gruppo conosciuto e apprezzato in tutta Europa, ma scarsamente noto in Italia. In vent'anni di attività il collettivo ha innovato radicalmente la ricerca teatrale, contaminando il proprio lavoro con codici provenienti dalle arti visive e un uso delle nuove tecnologie sia come generatore di strutture drammatiche, sia come amplificatori dello spazio scenico. Spettacoli come *Call Cutta* (2006), in cui lo spettatore cammina per Berlino guidato dall'operatore di un call center in collegamento dall'India; *100% City* (2008), in cui una città viene raccontata da cento abitanti selezionati secondo modelli statistici; *Nachlass* (2016), spettacolo senza attori in cui la drammaturgia è affidata a un'installazione e all'interazione degli spettatori con essa, hanno immesso con forza nel teatro europeo pratiche oggi in voga, quali l'uso di non professionisti in scena (denominati "esperti del quotidiano"), i lavori prodotti in seno a comunità specifiche, l'uso di device tecnologici nello spazio urbano. ZONA K li invita con *Remote X* (2013), in cui cinquanta spettatori vengono guidati in varie zone di una città da una voce sintetica, che richiama una futuribile intelligenza artificiale, ascoltata attraverso un sistema di cuffie wireless.

"La performance urbana nel 2014 a Milano non c'era", dice Sabrina Sinatti. "Era il periodo prima dell'Expo e c'era la possibilità di fare dei tentativi in questo senso. Ma era un azzardo organizzativo ed economico, soprattutto perché la proposta arrivava da una realtà che ancora non aveva

Rimini Protokoll, *Remote-Milano*, 2014

nome, né storia, né riconoscibilità. È stato importante scegliere di investire su un ufficio stampa con grande esperienza, Renata Viola. Ci ha permesso di avere una visibilità diversa. Eravamo in quattro/cinque a gestire tutto, non inquadrati nei classici ruoli presenti in un teatro. *Remote Milano* ha comportato una grande flessibilità nella fase di preproduzione, che è stata lunga e massacrante. Una situazione organizzativa magari più solida, ma standardizzata, come quella di un Teatro Nazionale, avrebbe fatto molta più fatica a organizzare una performance come questa. Forse la nostra qualità migliore è la fluidità".

"Le prime repliche sono state un disastro" dice Valentina Picariello. "Sono andate a vuoto. Sono state riempite a forza con gli amici. A Milano nessuno conosceva noi, nessuno i Rimini Protokoll. La sfida è stata resistere. Lo abbiamo programmato per quaranta repliche. Alla fine, molte persone non hanno potuto vederlo perché eravamo sold-out su tutte le date. Lo abbiamo riproposto nel 2015, anno dell'Expo, anche in collaborazione con il Comune. Questo è servito a stringere relazioni più solide con le istituzioni. Abbiamo avuto un grande appoggio, non tanto in termini economici, ma di fiducia in ciò che stavamo facendo."

Remote Milano ha lasciato tracce profonde nei gruppi teatrali indipendenti italiani, inaugurando una stagione in cui l'uso di cuffie wireless o telefoni cellulari per guidare esplorazioni urbane ha preso sempre più piede, spesso con modalità originali. In particolare, nel periodo immediatamente successivo alle chiusure dei teatri per la pandemia in corso, le cuffie sono diventate uno strumento prezioso e sempre più diffuso per realizzare spettacoli all'aperto, integrando il distanziamento sociale nel tessuto drammaturgico.

Negli anni successivi Zona K continua a proporre focus territoriali (Svizzera, Catalogna, Spagna). Nel 2016 inaugura una diversa scansione temporale per la propria stagione, impostandola non più sull'anno scolastico (ottobre-giugno), ma su quello solare (gennaio-dicembre), e dedicando ogni annualità a un tema preciso (*Power, Reality, Economy*, eccetera). Lo spostamento è un modo di perseguire la propria linea artistica, rispondendo a diverse esigenze: quelle della comunicazione, evitando di promuovere le proprie proposte insieme agli altri teatri milanesi, vedendo il proprio materiale sparire in un affastellarsi di comunicazioni; quelle economiche, garantendosi più agio dal punto di vista burocratico-amministrativo e impostando nuove tempistiche per la gestione dei bandi e per le rendicontazioni; come per le richieste di patrocinio, e tutta quella parte di lavoro molto tecnico dal quale una realtà indipendente non può prescindere.

ZONA K, pur con un'economia ridotta e un organico composto da poche persone, ha portato a Milano artisti di fama mondiale, innovatori della scena contemporanea prima invisibili in città, come Robert Bernat, Darren O'Donnel, Lola Arias, Agrupación Señor Serrano, Milo Rau. Alcuni di loro sono successivamente approdati nelle stagioni dei maggiori teatri nazionali, dimostrando come l'attività di *scouting* e lo sforzo organizzativo delle piccole realtà indipendenti sia fondamentale anche come motore d'innovazione dei cartelloni principali. Per realizzare i progetti più costosi, o che richiedevano uno spazio più ampio della sua sede da 90 posti, ZONA K ha messo in atto una serie di collaborazioni con altre realtà cittadine come Danae, Olinda o Triennale Milano Teatro , facendo rete per sostenere i costi e sperimentando un modello innovativo di stagione diffusa.

"Milano, per il tipo di pubblico che ha, è una città che permette di creare convergenze, di unire delle energie invece che dividerle. Noi abbiamo puntato tutto sulla multidisciplinarietà, sul fatto di non essere uno spazio teatrale, ma uno spazio culturale sul modello europeo", dice Sabrina Sinatti.

"Una strada che abbiamo iniziato a intraprendere, ma che non è stata ancora esplicitata, è quella delle produzioni" dice Valentina Picariello. "Prestare attenzione alle compagnie più giovani, alle compagnie italiane. C'è sempre l'affiancamento di giovani artisti ad artisti affermati, come tutor, come supervisori, come accompagnamento al lavoro di creazione. Utilizziamo i criteri e le modalità che ci appartengono e più che fare produzione, facciamo progetti. L'ultimo esperimento era partito all'interno della Casa degli Artisti, con la supervisione dei Rimini Protokoll, ma è stato bruscamente interrotto dal Covid-19".

La Casa degli Artisti è un luogo simbolo della libertà della creazione e della gioia di trasmettere competenze artistiche fra una generazione e l'altra. Fondata nel 1909 dai Fratelli Bogani per ospitare studi e atelier, a partire dalla Seconda Guerra Mondiale ha vissuto lunghi periodi di abbandono e occupazioni abusive; rifondata alla fine degli anni Settanta dagli artisti Luciano Fabro e Hidetoshi Nagasawa, con la critica d'arte Jole De Sanna, ha vissuto una nuova primavera lanciando giovani promesse, per poi ritornare a un pieno inutilizzo. Nel 2018 il Comune di Milano lancia un bando per la sua gestione, da cui esce vincitrice un'associazione temporanea di scopo che ha come capofila proprio ZONA K.

"In Casa degli Artisti non siamo soli", dice Sabrina Sinatti. "Siamo cinque associazioni con esperienze pregresse e per quanto noi siamo capofila, questo fatto non è determinante se non a livello giuridico e organizzativo. La nostra volontà è di fare un passo indietro, la casa è tutta da costruire e ci sarà tempo per incastrare sempre di più le visioni. Il lavoro di Zona k va verso un'idea di integrazione culturale. Vuol dire che la cultura si diffonde, vuol dire che porti cultura nei luoghi dove fa più fatica ad arrivare, ma non per fare teatro sociale: porti degli esperimenti, porti tentativi artistici, là dove non sono contemplati. Il teatro urbano modifica il territorio, e modifica le persone che ci vivono".

"Usciti dal lockdown viviamo un periodo di transizione, presentiamo quello che non siamo riusciti a concludere a causa della pandemia", dice Valentina Picariello. "Abbiamo una responsabilità nei confronti degli artisti che hanno visto congelarsi il loro intero mondo. Ma non si può ripartire da dove ci siamo fermate. Quello che è successo, esagerando, si può paragonare a una guerra; ma sono i traumi che ti danno lo stimolo e la possibilità di cambiare corsia, di capire che cosa serve ora e che sguardo bisogna avere. Ripresentandosi sempre uguali a sé stessi non si cresce mai. Quello che sarà dopo non posso anticiparlo, perché è un processo sempre in corso, e non ne conosco il punto di arrivo".

Fare massa

Dalle occupazioni a IT Independent Theatre

Il 14 giugno 2011 un gruppo di lavoratori dello spettacolo entra nei locali del Teatro Valle di Roma, dando vita a più di tre anni di occupazione durante i quali il teatro resterà aperto e attivo ventiquattro ore su ventiquattro, sette giorni su sette. Viene prodotto un grande lavoro sul concetto di cultura come bene comune, con forte risonanza nazionale e internazionale, tanto da convincere uno dei più importanti registi al mondo, Peter Brook, a tenere un incontro pubblico proprio al Valle. L'11 agosto 2014, dopo forti pressioni ricevute dalle autorità, motivate dall'urgenza di un intervento di ristrutturazione, gli occupanti lasciano pacificamente la sala. A fine 2021 il teatro, fra i più antichi della città, è ancora vuoto e inutilizzato.

In quegli anni, il vento del Teatro Valle ha soffiato forte in tutta Italia, ispirando diverse altre occupazioni, in un momento in cui sembrava davvero possibile produrre cambiamenti di sistema dal basso, attraverso azioni partecipate. Il 5 maggio 2012, a Milano, un gruppo di artisti e studenti occupa la Torre Galfa, un grattacielo di 32 piani abbandonato da più di dieci anni, dandosi come nome Macao, acronimo il cui senso è lasciato alla libera interpretazione dei cittadini. L'intenzione è quella di dar vita a un nuovo centro per le arti visive e performative, gestito secondo modelli partecipati, anche per portare avanti la riflessione sulla natura dei beni comuni avviata dal Valle. La risposta della città e soprattutto della sua scena culturale è fortissima: resta nella memoria, quasi come una performance irripetibile, l'esibizione in strada di un'intera orchestra (composta dagli studenti del Conservatorio G. Verdi), che richiama sotto la torre centinaia di spettatori.

Il simbolo di IT Festival
Courtesy: neostudio

Il grattacielo viene sgomberato dopo dieci giorni e il neonato collettivo migra in una palazzina Liberty in viale Molise, ex sede della Borsa del Macello, nella quale darà vita a molteplici attività, pur concentrandosi sempre di più, col passare del tempo, sull'organizzazione di serate di musica elettronica. Durante la pandemia di Covid-19 l'area, in cui sono presenti anche altri edifici di pregio dismessi, viene colonizzata da persone senza fissa dimora e altra umanità sommersa. La situazione per gli occupanti diventa rischiosa. D'altro canto, le palazzine, messe a bando dal Comune, sono al centro di un progetto di riqualificazione urbana. A novembre 2021 Macao annuncia di aver definitivamente liberato i locali.

Anche nel giro delle compagnie teatrali indipendenti la stagione delle occupazioni fa vibrare il desiderio di rimescolare le carte, in un sistema teatro che dopo la crisi economica del 2008 sembra sempre più ripiegato su sé stesso. La miccia viene accesa dalla Regione Lombardia, che alza sensibilmente i requisiti di bilancio richiesti per accedere al Bando NEXT, di fatto escludendo da questa forma di finanziamento tutte le realtà di media e piccola dimensione. Per puro caso, davanti a un caffè dal leggero sapore di ammoniaca preso alle macchinette della Civica Scuola di Teatro Paolo Grassi, si incontrano l'organizzatrice Valentina Falorni e gli artisti Fulvio Vanacore e Riccardo Olivier; concordano sul fatto che la situazione sia grave e decidono di invitare alcuni colleghi per discuterne insieme, facendosi prestare una piccola sala dalla scuola. Risponde un nutrito gruppo di artisti e organizzatori, che ritiene necessario dare visibilità e riscontro a chi di fatto era tagliato fuori dalle nuove norme. Alla riunione è presente anche Arianna Bianchi, che sarebbe in seguito diventata presidente e rappresentante legale dell'associazione culturale IT.

"L'idea era di provare a fare un festival", dice Arianna Bianchi. "Nome e immagine hanno avuto un peso notevole fin dall'inizio. Già in una delle prime riunioni girarono un titolo e una grafica da mettere ai voti. È nato tutto in modo organico, ed è stato importante avere qualcuno che ha raccolto lo stimolo e lo ha restituito al gruppo. Matteo Torterolo e Leonardo Mazzi proposero di usare il giallo e il nero e l'immagine di un topo ruggente sullo skyline cittadino. Ci saremmo chiamati IT Independent Theatre. Quel tipo di iconografia, anche senza che sapessimo esattamente quel che stavamo facendo, ha reso tutto immediatamente reale. Credo che senza questo

IT Festival, 2014. Foto di Jo Fenz

passaggio avremmo continuato a girare a vuoto con infinite riunioni, finendo per diventare verbosi, come in realtà è successo più avanti, e come succede spesso nei progetti basati su una partecipazione orizzontale".

Già nelle prime riunioni emergono le caratteristiche che saranno alla base dell'identità di IT Festival, prima fra tutte l'assenza di una direzione artistica: nessuna selezione all'ingresso, nessun requisito né quantitativo, né di valutazione qualitativa. Si decide di modellare l'evento, guardando per esempio al festival berlinese Cento Gradi, abbracciando la forma dello showcase: ogni compagnia avrebbe avuto venti minuti per presentare il proprio lavoro, che fosse uno studio o una parte di uno spettacolo già esistente.

Viene identificato come spazio ideale per ospitare la kermesse la Fabbrica del Vapore, ex complesso industriale di prodotti ferroviari, riconvertito a funzioni culturali, e composto da piccole sale che possono ospitare spettacoli, ovviamente con set scenografici e tecnici minimi o inesistenti, affacciate su un enorme piazzale interno, nel quale gli spettatori avrebbero potuto socializzare in sicurezza. La Fabbrica del Vapore è sempre stata al centro di periodiche polemiche, sia per i ritardi epici dell'amministrazione comunale nella consegna degli spazi via via messi a bando, sia per il fatto di non aver mai davvero funzionato come hub culturale dedicato, in particolare, alla creatività, giovanile. Forse anche per questo le interlocuzioni con il Comune per avere lo spazio vanno a buon fine piuttosto rapidamente.

"Fin dalla prima edizione abbiamo aperto una Call pubblica per partecipare", dice Arianna Bianchi. "Alla prima edizione hanno risposto meno gruppi, perché il progetto era sconosciuto ed è stato più un passaparola. Dalla seconda in poi, i numeri sono sempre andati in crescita. Il festival era strutturato su tre giornate e in seguito passò a cinque, perché, su richiesta degli artisti, aggiungemmo due giornate dedicate agli operatori dello spettacolo. C'era un biglietto politico di cinque euro con cui potevi vedere tutto quello che volevi, ovviamente tenendo conto delle capienze limitate delle sale. C'era chi riusciva a vedere poco e chi, magari più in forma fisicamente, si vedeva tutto, uno spettacolo dopo l'altro. La risposta del pubblico fu così forte da risultare anomala. Nessuno se lo aspettava. Era una gioia vedere quel piazzale di cemento pieno di gente, di energia, di cose belle".

IT ha avuto cinque edizioni, dal 2013 al 2017. All'inizio era completamente auto organizzato dalle compagnie partecipanti, che passavano dal palcoscenico al prestare servizio come maschere per gli spettacoli dei colleghi. Poiché la politica del festival era di seguire tutte le norme di legge per il pubblico spettacolo, gli artisti si autotassavano per sostenere i costi vivi. Quasi subito, comunque, gli organizzatori hanno reperito dei finanziamenti, prima tramite l'Assessorato alla Cultura, poi, più ingenti, dalla Fondazione Cariplo, che ha sostenuto le ultime tre edizioni (2015-2017).

"Ci siamo strutturati come associazione culturale" dice Arianna Bianchi, "E per alcuni questo è stato l'inizio della fine, come spesso accade in certi processi. Ci ha permesso di avere delle persone assunte, ma allo stesso tempo ha fatto sì che alcuni aspetti più autenticamente collettivi e partecipati venissero a mancare o si riducessero molto. Fin dall'inizio, abbiamo scelto la modalità della partecipazione allargata, delle assemblee, del voto. Man mano che l'associazione cresceva, alcuni ruoli operativi sono diventati naturalmente preponderanti, e questo ha creato un grande malumore in alcuni. Da un lato, c'era il desiderio di uno spazio davvero libero dove poter dire la tua, dove far accadere qualcosa; dall'altro, le dinamiche di gruppo possono essere devastanti."

Circolo Bergman, *Werther*, IT Festival 2015. Foto di Simona Paleari

È impossibile citare tutte le persone che hanno fatto vivere il festival anno dopo anno. Ciò che effettivamente lo ha caratterizzato è stata l'azione, perlopiù volontaria e gratuita, di una vera e propria comunità che si raccoglieva e definiva a livello identitario attorno all'evento. Si possono comunque identificare tre fasi del suo sviluppo.

Nella prima, il festival è stato un gesto fortemente politico con cui artisti che non avevano spazio sulla scena milanese chiedevano con forza di essere guardati. Là dove mancava un terreno fertile in cui proposte nuove potessero crescere, IT è andato a crearlo dal basso.

C'è poi una seconda fase, quella dell'attenzione: al festival hanno cominciato ad affacciarsi critici, operatori, direttori di teatro (in Italia tradizionalmente restii ad andare a vedere lavori di artisti che non conoscono). Si è creato un circolo virtuoso che ha permesso a molte delle compagnie di IT di essere programmate dai teatri della città, rompendo il tabù che faceva vedere quegli spazi di rappresentazione come torri d'avorio inaccessibili. Gruppi come il Teatro dei Gordi, Guinea Pigs, Circolo

Bergman, Snaporaz, Oyes, Compagnia Nut, Frigo Produzioni, Ortika, Tac Teatro e molti altri hanno trovato nel festival uno spazio di sperimentazione e, al contempo, di diffusione del proprio lavoro.

La terza fase è quasi un'ondata di riflusso. All'edizione 2017 partecipano anche artisti affermati, già da anni presenti con continuità nelle stagioni teatrali. Il successo del festival lo ha reso una vetrina appetibile anche per loro.

"Nell'ultima edizione il numero degli artisti programmati è cresciuto enormemente", dice Arianna Bianchi. "Progetti al limite dell'amatoriale si mescolavano al lavoro dell'artista noto che magari riservava al festival una sua produzione autonoma, indipendente. C'era dello smarrimento, in noi, un po' di confusione nei ruoli, ma soprattutto nel capire realmente perché, e per chi, ci trovassimo lì. All'improvviso tutto era meno chiaro".

IT Festival non è stato semplicemente un contenitore innovativo di proposte sulla scena milanese. La compresenza di una relativa facilità nell'interlocuzione con le istituzioni e di una costante pratica assembleare orizzontale, ha favorito la nascita di progetti territoriali, strettamente legati alla città, che sono stati un laboratorio di nuove pratiche di diffusione culturale.

Esempio calzante è il programma Open IT ideato e coordinato da Gianluca di Lauro a partire dal 2015. Le compagnie indipendenti hanno in genere un problema comune, la mancanza di uno spazio prove: i costi di affitto di un luogo in cui lavorare sono alti e pesano molto sui bilanci spesso risicati dei giovani gruppi. IT intercetta questo problema e prova a risolverlo con il suo stile, collettivamente, in modo facile e diretto. In ogni zona di Milano è presente un CAM, uno spazio comunale finalizzato all'aggregazione e alla partecipazione sociale, che ospita solitamente corsi per ragazzi e anziani, oppure attività proposte dai frequentatori. Viene attivato uno scambio: le compagnie interessate ricevono un consistente numero di giorni di prova gratuiti all'interno dei CAM, e in cambio si impegnano a organizzare una giornata di restituzione per i frequentatori del luogo, aperta al quartiere.

La risposta dei gruppi indipendenti è alta e il progetto richiede un enorme sforzo organizzativo, logistico, relazionale, svolto dai responsabili perlopiù gratuitamente. Dopo la prima sperimentazione, Open IT riceve un

IT Festival, 2014. Foto di Jo Fenz

finanziamento del comune di Milano e viene declinato in modo diverso: si chiede alle compagnie interessate di proporre un progetto territoriale per un quartiere, i cui costi saranno coperti da un adeguato budget; alla fine, tutte e nove le Zone in cui è divisa Milano vengono coinvolte e ospitano ciascuna un programma di eventi.

"La parola restituzione non la uso nell'ottica di una transazione, ma per sottolineare il valore di certi momenti", dice Arianna Bianchi. "Ci trovo davvero qualcosa del senso del teatro: il dono, il rito sociale. Era emozionante vedere gli artisti lavorare così tanto, spendersi per cose magari anche piccole, magari in contesti di disagio sociale. È stato un progetto veramente valido, che ha portato vita in luoghi spesso sottoutilizzati".

Open IT si interrompe insieme al festival, dopo l'edizione 2017. Come detto, fra le persone più attive a livello gestionale e organizzativo c'è stanchezza, e anche divergenze di vedute sulla direzione da prendere, se verso un'associazione sempre più strutturata o verso un recupero dello spirito e delle pratiche assembleari dell'inizio.

Contemporaneamente, erano in corso le operazioni del Comune di Milano per la riassegnazione degli spazi. I contratti storici erano scaduti e c'era la volontà di rilanciare la Fabbrica del Vapore aprendola a nuove associazioni. Molti elementi del bando proposto erano stati evidentemente modellati sulle caratteristiche dell'esperienza di IT Festival, che infatti vince l'assegnazione di una sala, dentro la quale progetta di realizzare una casa delle compagnie indipendenti milanesi. Nella fase di finalizzazione sorgono però diversi problemi, legati all'agibilità degli spazi e ad altri costi imputati; l'interlocuzione con il Comune si fa difficile, le diverse posizioni non trovano una conciliazione e IT decide di rinunciare allo spazio. È un colpo molto duro e demotivante per tutti quelli che avevano lavorato per quell'obbiettivo. In qualche modo lo spazio ideale, quel luogo così adatto al festival e alla sua formula, aveva chiuso le sue porte.

IT si spegne con un breve e laconico annuncio, pubblicato sui social network: nel 2018 il festival non si farà, c'è bisogno di ricaricare le batterie, interrogarsi sul senso del progetto. La campagna associativa non viene riaperta. A parte poche riunioni, sempre meno partecipate, le attività si interrompono. In rapporto alla chiassosa vitalità del festival, la fine è avvolta da un silenzio assordante.

"Sul perché sia finito tutto, la cosa più sincera che posso dire è che ancora non c'è una risposta serena", dice Arianna Bianchi. "C'è un grande sforzo di autocritica, ragionamenti che si accavallano fra dinamiche umane e questioni capitali di senso. L'unica sintesi che posso proporre è che la forza di IT è stata intercettare delle esigenze condivise e trovare gli interlocutori giusti per farle emergere al meglio. A un certo punto, non è stato più così. Non so perché: forse non eravamo più in grado di ascoltare, di capire le vere domande latenti; oppure gli interlocutori non erano più quelli giusti. Dopo due anni e mezzo di congelamento, verso la fine del 2019, abbiamo fatto una riunione convocando quelli che erano stati gli ultimi soci effettivi. Eravamo stati bravi, e sul conto dell'associazione era rimasto un tesoretto, non cifre folli, ma nemmeno poco. La fase finale l'abbiamo gestita io, Valentina Falorni e Fulvio Vanacore, perché gli altri si sono dichiarati saturi rispetto all'esperienza. L'associazione è stata chiusa, con la formula di rito: lo scopo associativo si è esaurito. Materiali e risorse sono stati devoluti a un'associazione analoga per finalità e modalità operative. Ci siamo rivolti sempre al teatro indipendente. Abbiamo interloquito con Olinda e il nostro fondo è andato a finanziare un progetto di residenza artistica: *Animali teatrali fantastici & dove trovarli.* Magari sarà la puntata zero di qualcosa che poi camminerà con le sue gambe, non lo so. In ogni caso, almeno per me, è stato un modo di chiudere il cerchio".

Con lo spegnersi di IT festival, a Milano pare esaurirsi anche quella fiammata di azioni dal basso inaugurata dall'occupazione del teatro Valle. Sebbene le proposte concepite e portate avanti da quelli che erano, in fondo, cittadini, siano state spesso di livello molto alto, forse gli unici tentativi di reale innovazione dei processi culturali in Italia, la porosità delle strutture consolidate ha finito per lasciarle spegnere naturalmente, per semplice spossatezza. La pandemia ha poi reso l'orizzonte sfumato e incerto e, in questi anni, la spinta aggregatrice sembra esaurita.

Ciò che è certo è che una città, per essere viva e pulsante, ha bisogno di progetti come IT Festival. Ha bisogno di progetti pensati dai giovani artisti per il pubblico, non di progetti pensati dai teatri per i giovani artisti.

Teatro Dei Gordi, *Sulla morte senza esagerare*, 2016
Foto di Laila Pozzo

Modelli di compagnia
Gordi, Oyes e Confraternita del Chianti

Una compagnia indipendente si definisce con un nome che identifica e rende riconoscibile il suo percorso, un gruppo di lavoro stabile (fatte salve le naturali defezioni e affiliazioni) e una struttura organizzativa ed economica mai fino in fondo risolta. Il lavoro creativo si sostiene attraverso progetti specifici, bandi, contributi occasionali, coproduzioni, e viene spesso reimpostato anno dopo anno. In genere nessuno svolge un compito univoco, ma affianca al ruolo principale (sia regista, attore, organizzatore, musicista) altre mansioni, spesso svolte al di là del compenso ricevuto. Non si tratta di una forma di sfruttamento, ma di una diversa imprenditorialità: il progetto e la sua riuscita contano più del dato economico, anche se questo rimane fondamentale. Le questioni amministrative sono gestite in genere con un sistema di vasi comunicanti, per cui progetti importanti, ma insostenibili economicamente, vengono in qualche modo pagati da altri progetti con tessuti produttivi più solidi. È un modo di esistere che non riguarda l'intera galassia del teatro indipendente, non tenendo conto delle compagnie private con un taglio più spiccatamente commerciale, ma è, con le dovute eccezioni, il territorio di cui si occupa questo scritto.

Rispetto ai gruppi nati negli anni Novanta, che hanno dovuto inventare più o meno da zero modalità per finanziarsi, attraverso interlocuzioni con istituzioni e privati, nell'ultimo decennio le occasioni di ingresso nel sistema teatrale dedicate ai giovani gruppi si sono moltiplicate. Alcune compagnie – spesso in cordata – sono riuscite ad accedere a finanziamenti ministeriali, specificatamente dedicati agli under 35, con il connesso carico di obblighi e la difficoltà di soddisfare di anno in anno i parametri richiesti per mantenerli. Altre hanno stabilito una continuità mettendo in fila diverse occasioni, dallo sviluppo di un rapporto con la Fondazione Cariplo (che con il bando Funder 35 e altri interventi ha lavorato molto in questa direzione), all'accesso a risorse regionali (perlopiù attraverso il bando NEXT), a bandi come In-Box (che dà la possibilità di vincere repliche a cachet su tutto il territorio nazionale), fino alle coproduzioni con festival e teatri o a periodi di residenza finanziati.

Accedere a palcoscenici e situazioni produttive professionali è di fatto più semplice di un tempo (e l'asticella dell'età delle giovani promesse pare abbassarsi sempre di più) e comporta comunque un problema di fondo. I giovani gruppi, essendo all'inizio e dovendo provarsi sulla scena, in genere si autoproducono, e quando questo non accade hanno costi ridotti rispetto a una produzione tradizionale, sia dal punto di vista scenotecnico sia da quello delle paghe. Questo fa sì che molti artisti lavorino assiduamente nei primi anni di carriera, ma si trovino davanti a un netto spartiacque non appena la loro professionalità necessiti di uno sviluppo non solo artistico, ma soprattutto economico. Questa linea d'ombra è uno dei maggiori problemi del sistema teatrale italiano, la quasi totale assenza della media produzione: uno spazio dotato di volumi economici non alti, ma adeguati, che possa fare da cerniera fra la fase delle prime sperimentazioni e quella della professione consolidata. A volte si ha l'impressione che i giovani artisti vengano sostenuti soprattutto per soddisfare i requisiti quantitativi dei finanziamenti, e quindi possano essere facilmente sostituiti con le nuove ondate generazionali, che non mancano mai.

Milano è in ogni caso una città in cui, sia per l'importante quantità di teatri di diversa dimensione, sia per la presenza di un pubblico solido, compagnie e singoli artisti hanno molte opportunità per affermarsi. Una realtà come la Compagnia Corrado D'Elia riesce da più di vent'anni a riempire i teatri fino all'esaurito anche proponendo più produzioni a stagione in spazi diversi; I demoni, gruppo animato dal regista Alberto Oliva e dall'attore Mino Manni, è ormai una presenza ricorrente nelle stagioni cittadine, e lo stesso vale per compagnie sempre più affermate come Eco di Fondo, Teatro Sguardo Oltre, Frigoproduzioni o Guinea Pigs. Ci sono anche casi in cui l'attività di produzione è una parte di un lavoro più ampio, che comprende la gestione di una sala e l'organizzazione di corsi teatrali, come nel caso di Linguaggicreativi, fondata da Paolo Trotti e Simona Migliori, e LAB121, in cui sviluppa il proprio percorso artistico il regista Claudio Autelli.

L'elenco delle realtà operanti sul territorio sarebbe ancora lungo, ma si può affermare che i gruppi indipendenti sono spesso il motore di processi di rinnovamento della scena, occupando zone di ricerca meno battute dalle realtà più solide. In particolare, negli ultimi anni, sono soprattutto gli indipendenti ad aver lavorato in direzione della creazione originale, della riscrittura dei classici e della nuova drammaturgia.

Quando si parla di creazione un esempio calzante è il Teatro dei Gordi, fondato nel 2010. Il nucleo portante del gruppo si conosce studiando alla Civica Scuola di Teatro Paolo Grassi, all'epoca diretta da Maurizio Schmidt, con il supporto progettuale di Mimma Gallina. La direzione si interrompe bruscamente dopo solo due anni per mancata riconferma, lasciandosi dietro mesi di forti proteste da parte di alcuni studenti e pareri contrastanti, divisi fra sostenitori e detrattori della linea presa dalla scuola. Schmidt e Gallina perseguivano un'idea della Paolo Grassi come incubatore di compagnie, sul modello di quanto era accaduto anni prima con A.T.I.R., ed è anche su questa spinta che i Gordi decidono di costituirsi come associazione. Mentre frequentano un percorso di formazione per attori guidato da Anatolij Vasiliev a Venezia (progetto sempre curato da Schmidt e poi insignito di un Premio Ubu), cercano di figurarsi quale sia per loro il sentiero da seguire in teatro.

Trovare una chiave artistica ed espressiva che ci corrisponde non è facile e se, a volte, con un po' di fortuna, la si incrocia molto presto, perlopiù richiede tanto tempo, perseveranza e qualche fallimento. Nei primi anni di vita i Gordi lavorano con diversi registi e sperimentano varie strade, anche piuttosto distanti fra loro, dalla versione itinerante di un classico shakespeariano, alla ripresa di uno spettacolo di Short Plays di Harold Pinter, fino a un esperimento di spettacolo per l'infanzia con il linguaggio del teatro d'ombra. Nessuno di questi lavori riesce a bucare la quarta parete e a portare il gruppo in una zona espressiva originale. L'impressione è che gli artisti del Teatro dei Gordi non sappiano ancora esattamente né cosa dire né come dirlo, ma che siano animati dalla ferma convinzione che qualcosa da dire ci sia e che vada detto insieme.

In un'edizione di IT Festival cominciano a sperimentare un lavoro con maschere che coprono l'intero viso. Lo approfondiscono in un periodo di studio presso le Sementerie Artistiche di Crevalcore, dove preparano venti minuti di un lavoro che presenteranno al Premio Scintille 2015. Grazie ai fondi ottenuti con la vittoria del bando di Fondazione Cariplo Funder 35 la struttura dell'associazione si rafforza e il gruppo, guidato dal regista Riccardo Pippa, dà vita alla prima creazione originale, *Sulla morte senza esagerare*, che debutterà in forma definitiva nel 2016, coprodotta da Tieffe Teatro Menotti. Lo spettacolo, muto, con una drammaturgia non verbale frutto di una scrittura di scena collettiva e interamente recitato con maschere realizzate appositamente, è il racconto velato da ironia melanconica di un'ordinaria giornata di lavoro della Morte. Se l'impianto tiene senza dubbio conto dell'estetica dei berlinesi *Familie Flöz,* l'orizzonte tematico e la struttura drammaturgica hanno una forte originalità.

L'esito convince Andrée Ruth Shammah, direttrice del Teatro Franco Parenti, a produrre un nuovo spettacolo, *Visite* (2018), in occasione del quale inizia a lavorare come *dramaturg* di compagnia Giulia Tollis. Nel 2019 il gruppo vince il Premio Hystrio Iceberg per le compagnie emergenti. *Pandora* (2020), coprodotto dal Teatro Franco Parenti e dal Teatro Stabile di Torino, debutta in piena pandemia alla Biennale Teatro di Venezia. Nel 2020 il gruppo riceve il Premio ANCT della critica "per una sua poetica fondata su una grammatica scenica non verbale che si unisce a una dirompente fisicità e a un uso misurato delle maschere".

"La pratica del fallimento è la misura del lavoro con la maschera", scrive Giulia Tollis. "Durante il percorso di avvicinamento e di prova di *Sulla morte senza esagerare* e di *Visite* io ho visto fallire più volte le attrici e gli attori perché non rispettavano i tempi di reazione che il lavoro di maschera richiede. Prima di compiere qualsiasi azione o di reagire l'interprete, sotto la maschera, deve contare fino a tre. Ogni volta che i gesti o le reazioni vengono anticipate, tutto il gruppo ha il dovere di battere le mani per segnalare il fallimento della prova. Come per trovare la via della maschera, così per trovare un linguaggio in cui riconoscerci, abbiamo dovuto passare attraverso diversi tipi di applausi. Le esperienze di fallimento ci hanno permesso di chiarire cosa difendere: un gruppo nutrito di interpreti, il lavoro corale, un'ideazione condivisa, la scrittura di scena, lo spazio di finzione della scatola teatrale, la magia del rito, l'incontro con la poesia, un teatro di immagini. Fallire ci ha permesso di mettere a fuoco il nostro lavoro per sottrazione: ci siamo sottratti dalle parole dei grandi autori, ci siamo sottratti dal teatro di prosa, ci siamo sottratti dalla performance contemporanea. Abbiamo incontrato la materia da plasmare, la fisicità del corpo nello spazio, lo spazio come motore di immagini e la poesia delle piccole cose come fonte di ispirazione e guida".

I tre spettacoli costituiscono una sorta di trilogia sulla fragilità umana e hanno il merito di aver portato un teatro specificatamente di figura, in Italia tradizionalmente relegato al circuito del teatro ragazzi, a un pubblico di adulti, dimostrando inoltre che esistono ampi spazi di sperimentazione anche sui maggiori palcoscenici nazionali.

"Stiamo lavorando su due fronti", dice Riccardo Pippa. "In primis quello organizzativo: all'alba della riforma del terzo settore e del nuovo triennio ministeriale, in un momento di generale stand-by teatrale, ci stiamo chiedendo quale forma associativa e produttiva possa adattarsi meglio alla nostra prassi artistica e ci possa permettere di continuare a realizzare e replicare spettacoli corali e a organizzare laboratori. Per far questo ci stiamo confrontando con diverse realtà italiane alle quali domandiamo "voi come ci vedete?". Da fuori ovviamente hanno tutti le idee più chiare di noi. Sono incontri molto belli e, come succede durante le prove di uno spettacolo, ci si conosce e ci si riconosce".

La compagnia Oyes nasce nel 2010, da un nucleo di nove persone che nel tempo si ridurranno a sette soci effettivi. Sei di loro frequentano la stessa classe all'Accademia dei Filodrammatici diplomandosi nel 2009. Fin dall'inizio Oyes lavora su drammaturgie collettive, costruite attraverso processi di improvvisazione, dove tutti i partecipanti sono autori di ciò che alla fine arriva sul palco. "L'Accademia dava la possibilità agli allievi di partecipare con un progetto a una borsa di lavoro", dice Stefano Cordella. "Sono laureato in psicologia e ho proposto ai ragazzi di lavorare a una scrittura di scena che prendesse spunto dall'esperimento carcerario di Stanford. Abbiamo chiamato Dario Merlini, Umberto Terruso e Andrea Lapi, che per noi erano un po' dei "big", si erano diplomati da qualche anno e li abbiamo coinvolti come registi e drammaturghi. Era già tutto collettivo, fin dall'inizio".

I primi venti minuti del progetto vincono il Bando Giovani realtà promosso dalla Civica Scuola d'Arte Drammatica Nico Pepe di Udine (2010) il che, oltre a portare tremila euro utili a continuare l'autoproduzione (pur sempre facendo le prove gratis), dà soprattutto energia e motivazione al gruppo.

Compagnia Oyes, *Vania*, 2018. Foto di Matteo Gilli

Lo spettacolo, *Effetto Lucifero* (2011), scritto da Dario Merlini, non vince la borsa dell'Accademia, ma il risultato spinge la direzione del Teatro Filodrammatici a garantire ai ragazzi di Oyes uno spazio in stagione per tre anni. Questa occasione di continuità è un elemento molto importante per la tenuta del gruppo nel tempo. Vengono così realizzati *Luminescienz* (2013), che prende le mosse dalle forme di controllo mentale messe in atto da sette religiose come Scientology, e *Va tutto bene* (2014), che affronta il tema dell'abbandono attraverso l'assenza della figura del padre. I temi legati alla psicologia e alle relazioni umane si impongono naturalmente come centro d'interesse tematico privilegiato della compagnia.

"*Va tutto bene* è stato l'ultimo lavoro in cui ero in scena come attore", dice Cordella. "Da questo progetto in poi mi sono messo fuori, la compagnia mi ha dato fiducia, e ho cominciato a occuparmi della regia".

Con *Va tutto bene* il campo tematico comincia ad allontanarsi dalla psicologia di massa e a restringersi, focalizzandosi su rapporti interpersonali intimi: la dimensione familiare, quella amorosa, l'amicizia. Questo

Compagnia Oyes, *Vania*, 2018. Foto di Luca Meola

spostamento di fuoco coincide con l'avvio di una pratica per cui il materiale autobiografico degli artisti entra a far parte di quello drammaturgico.

"Una volta che abbiamo innescato un tema, propongo una struttura di base, molto aperta", dice Cordella. "Una sorta di soggetto che poi viene sviluppato attraverso la costruzione di personaggi. Il lavoro di creazione del personaggio parte sempre dalle nostre biografie, dalle esperienze di chi lo interpreta. Tutta la cerchia di padri, madri, amici, conoscenze, che fanno parte delle nostre vite, entrano velatamente a far parte dei nostri lavori".

Nel 2015 debutta *Vania,* spettacolo in cui la compagnia comincia a confrontarsi con i testi di Anton Cechov. Per garantirsi maggiori possibilità di circuitazione in Italia, lavorare su titoli del repertorio classico è sempre preferibile; in questo caso però, il classico è soprattutto uno schermo su cui proiettare i propri contenuti biografici più intimi in una situazione protetta. I due lavori di Oyes su Cechov (nel 2017 debutta al festival Primavera dei teatri *Io non sono un gabbiano*) sono riscritture atipiche: non si basano sullo spostamento e riproposizione del sistema dei conflitti originali in altri contesti o epoche, quanto piuttosto sull'uso della propria vita per terremotare il testo, amplificando taluni personaggi e cancellandone altri, portando all'estremo alcune situazioni e depotenziando quanto le circonda. Non a caso, *Vania* contiene molto della quotidianità provinciale della Brianza.

"Quello che abbiamo trovato in Cechov che ci corrisponde", dice Cordella, "è forse una strada per esorcizzare la paura del fallimento, la paura delle relazioni. Ci interessa sempre di più aprire spazi nelle inquietudini che ci attraversano. Andare fino in fondo. C'è questa frase di Grotowski, che citavamo dieci anni fa, ma che capiamo davvero solo adesso: *il teatro non è indispensabile. Serve ad attraversare le frontiere fra te e me*".

Il teatro di Oyes funziona come una sorta di diario scritto fra le righe delle azioni in scena, e accompagna il percorso di vita degli artisti, così come quello degli spettatori che vi si identificano.

"Credo nasca da una vera esigenza", dice Dario Merlini. "Molto spesso lavorando ci accorgiamo che se vuoi affrontare dei temi, ma ti metti in cattedra, ti tiri troppo fuori, è difficile. È difficile scrivere se non parti da una sincerità assoluta soprattutto verso te stesso. Quindi parliamo banalmente di qualcosa che conosciamo, partiamo da noi. Così c'è la speranza che venga fuori qualcosa di onesto".

Nel 2018 Oyes diventa una compagnia under 35 finanziata dal F.U.S.. Negli anni precedenti gli spettacoli erano tenuti in prova per circa sessanta giornate, divise in tre diversi periodi nel corso di un anno, un anno e mezzo. Il finanziamento ministeriale garantisce una maggiore stabilità, ma in qualche modo viene anche subìto, visto che la complessità dei parametri da soddisfare ha la conseguenza di ridurre il tempo che è possibile dedicare alla creazione.

Oyes si è sempre autoprodotta, ottenendo fondi per i vari progetti attraverso ogni canale possibile (è stata finanziata da Fondazione Cariplo, ha vinto varie volte il bando NEXT, una volta il bando IN BOX): questo modello di gestione ha voluto dire potersi muovere con grande autonomia creativa, nella piena gestione del proprio tempo.

Oblomov Show, spettacolo nuovamente dedicato a un fallimento, anzi forse alla paziente costruzione di un fallimento, è la prima reale coproduzione della compagnia (con la Corte Ospitale e il sostegno del Centro di Residenza

Toscana). Il lavoro debutta nel 2021, nella prima finestra estiva possibile concessa dalla pandemia, dopo vari momenti di stop e relative ripartenze. L'esperienza del lockdown, coerentemente con la pratica della compagnia, filtra anche nella riscrittura del romanzo di Gončarov.

Il teatro italiano è tradizionalmente poco interessato ai drammaturghi viventi che scrivono del loro tempo. Se è vero che negli anni alcuni autori sono riusciti ad affermarsi (come Edoardo Erba, Lucia Calamaro, Fausto Paravidino, Letizia Russo Magdalena Barile, o più di recente Davide Carnevali, Emanuele Aldrovandi, Francesca Garolla e Giulia Tollis), la drammaturgia contemporanea resta una sorta di mosca bianca nei cartelloni, che preferiscono riproporre classici rivisti ormai da ogni angolazione possibile. Gli autori nuovi hanno trovato casa principalmente sui piccoli palcoscenici battuti dalle compagnie indipendenti, che sono state anche le prime a inserire nei loro gruppi di lavoro figure di *dramaturg* alla tedesca (autori che si occupano non di scrivere il testo, ma di analizzare, tagliare, adattare, o creare tessuti d'azione a materiali preesistenti).

La Confraternita del Chianti è una compagnia che ha come obbiettivo programmatico quello di diffondere la drammaturgia contemporanea e di creare un proprio repertorio originale. Non a caso è stata fondata da due autori, Marco di Stefano e Chiara Boscaro, che si sono incontrati intorno al 2010 alla Civica Scuola di Teatro Paolo Grassi. Parlando, decidono di provare a fare qualcosa insieme. Il primo testo a cui lavorano non riescono a finirlo, e probabilmente non lo finiranno mai: sono una coppia anche nella vita, e uno dei due è convinto che quando quel testo sarà finito, finirà anche la loro storia. Realizzano invece uno spettacolo sul centocinquantesimo Anniversario dell'Unità d'Italia, incentrato su una compagnia di scalcagnati ubriaconi che decide di realizzare uno spettacolo proprio per accaparrarsi i fondi stanziati per questa occasione. Lo spettacolo è finalista al premio Scintille, promosso dal festival AstiTeatro, e debutta a Milano sul palcoscenico del Tieffe Teatro Menotti. Sull'onda di questo riscontro, nel 2013, i due cominciano a contattare attori a cui propongono l'idea di fare Compagnia.

"La Confraternita del Chianti è un nome ispirato a un romanzo di John Fante", dice Marco Di Stefano. "In realtà il libro si intitolava *La confraternita dell'uva*, ma in Italia siamo sempre creativi nel tradurre i titoli, e alla fine questo ci piaceva anche di più".

"Quando abbiamo cominciato a lavorare insieme", dice Chiara Boscaro "andava molto una drammaturgia che riscopriva radici locali, regionali, dialettali. Io non avevo questo approccio, sono di Milano e non parlo dialetti. Ci siamo sempre trovati più vicini a una serie di esperienze europee, che non a quelle italiane".

"Io avevo già avuto delle esperienze lavorative in Germania", dice Marco di Stefano. "Con il progetto *Io sono figlio,* che era una drammaturgia per la danza, prodotto dalla compagnia Sanpapié, siamo stati in tutta Europa, fino a sbarcare in Cina, nel 2014, alla sesta edizione delle Olimpiadi del Teatro. Come dice Chiara, abbiamo cominciato ad ascoltare quello che succedeva fuori dai nostri confini, e a trovarlo più vicino al nostro sentire. Paradossalmente, concentrandoci sul teatro europeo abbiamo cominciato anche a ricollocarci con più precisione nella nostra città. Milano è una metropoli meticcia, piena di esperienze interculturali, se le sai vedere. Il nostro percorso è radicato nell'ascoltare la città in modo diverso, immersi in una fitta rete di connessioni transnazionali".

La forma in cui la compagnia si immagina è quella dell'*ensemble* stabile alla tedesca, ed è a questo obbiettivo che tende, scontrandosi con il fatto che in Italia questa declinazione sia complessa da sostenere sia dal punto di vista economico, sia da quello culturale. Bisogna incontrare persone che abbiano lo stesso desiderio e che siano disposte a fare scelte di vita conseguenti. Intorno alla Confraternita ruotano una decina di persone, qualcuno che collabora da attore esterno, qualcuno che si intreccia più stabilmente col progetto, un'assistente alla regia e un videomaker fissi. Il gruppo cerca di dare la massima continuità possibile ai collaboratori, cercando di costruire una sorta di welfare interno alla compagnia, anche modellando il lavoro sulle differenti esigenze che sorgono con il passare del tempo.

"Non è un caso che lavoriamo spesso nei paesi dell'est, dove i teatri sono strutturati attraverso gli *ensemble*", dice Marco Di Stefano. "Dal punto di vista produttivo, siamo posizionati all'estero per l'ottanta per cento del nostro lavoro. Lì, il fatto di essere una coppia con un bambino piccolo non ci crea mai problemi. Ultimamente cominciano a cambiare le cose anche in Italia, e chi ci chiama sa che abbiamo bisogno di impostare tempi diversi di produzione. Per esempio, raramente io e Chiara possiamo vedere insieme la filata di un nostro spettacolo e gli attori recitano tranquillamente due filate

Confraternita del Chianti, *Dieci minuti alla fine del mondo*, 2020
Foto di Dražen Šokčević

separate. Cerchiamo semplicemente modalità di produzione diverse".

Il primo progetto articolato della compagnia è *Non voltarti indietro* (2013), su testo di Chiara Boscaro, con la regia di Marco Di Stefano, dedicato alla violenza di genere. La drammaturgia è finalista al premio Hystrio e lo spettacolo vince successivamente il premio Pradella.

Gli attori che lavorano stabilmente con la compagnia sono cinque, e nasce l'idea che ciascuno di loro reciti un monologo costruito a partire dalle sue specifiche caratteristiche. Da questo spunto nasce uno dei progetti più articolati della Confraternita, *Pentateuco*.

"Il Pentateuco è la storia di una grande migrazione e di popoli che a volte riescono a convivere, altre volte no", dice Marco Di Stefano. "Ci siamo dati come regola il fatto di vivere, in ogni produzione, un periodo in cui fossimo anche noi stranieri, migranti. Ogni monologo è stato ospitato da un partner estero, ora per una residenza, ora per un periodo di prove, ora in coproduzione. Sono nate moltissime collaborazioni che durano ancora oggi".

Genesi, interpretato da Valeria Sara Costantin, viene ospitato a Bucarest da Dot Spot Media, in Romania; *Esodo*, con Diego Runco, al Dramma Italiano di Fiume, in Croazia; *Levitico*, con Marco Pezza, al Teater Albatross di Gunnarp, Svezia; *Numeri*, con Giulia Versari, dal Perpeetum e Nau Ivanow di Barcellona, in Spagna; *Deuteronomio*, con Giovanni Gioia, alla Draper Hall di Londra. Ogni monologo trae ispirazione dal tema biblico per raccontarne una declinazione contemporanea, che affonda nelle storie famigliari e nelle biografie degli interpreti.

"C'è molto interesse all'estero per la drammaturgia contemporanea", dice Chiara Boscaro. "In Italia si fa sempre molta fatica. I teatri preferiscono produrre un autore inglese o americano piuttosto che uno italiano. Probabilmente perché siamo stati colonizzati culturalmente dal cinema, e questo ricade anche sul teatro. Poi ci sono le mode: qualche anno fa era il momento di argentini e spagnoli, adesso vanno forte i tedeschi. E via così".

"Lavoriamo all'estero perché siamo conosciuti in alcuni ambienti teatrali di alcuni Paesi", dice Marco Di Stefano. "Le istituzioni non ci hanno mai aiutato. O meglio, abbiamo avuto molti aiuti per quanto riguarda il percorso della compagnia in Italia: abbiamo sempre trovato finanziamenti pubblici per le nostre produzioni, e adesso, in cordata con altre compagnie, riceviamo anche un sostegno ministeriale. Ma fondi per viaggi, alloggi, per promuovere il nostro lavoro fuori dall'Italia non ne abbiamo mai avuti fino al 2019, quando abbiamo vinto il bando Boarding Pass del Ministero dei Beni Culturali. Abbiamo bypassato il problema. Ci siamo resi conto che potevamo prendere direttamente contatto con le persone. Abbiamo cominciato a partecipare a bandi esteri. Genesi, che ha al centro l'Esperanto come sogno di una lingua universale, è stato tradotto in inglese, ha vinto un premio a Londra e ora due compagnie vorrebbero metterlo in scena, una a Londra e una in Scozia. Nel 2011 un mio testo, *Mattatoio*, è uscito sulla rivista Sipario e lo ha letto Ioana Visalon, un'attrice di Bucarest italofona: l'anno dopo è stato messo in scena da una compagnia indipendente in un teatro nazionale. Siamo andati a vederlo e sono nati rapporti di lavoro che continuano ancora oggi, come è successo con il Teatro Nazionale Croato di Fiume, dove adesso facciamo una produzione ogni anno. Muovendosi, le cose succedono".

Accanto a questo zigzagare incessante dentro e fuori i confini, La Confraternita del Chianti continua a perseguire l'obbiettivo della stabilità,

Confraternita del Chianti, *GENESI pentateuco #1*, Teatro Verdi, Milano 2015
Foto di Marco Mosca

impegnandosi nella gestione di spazi in cui promuovere testi contemporanei, i propri e quelli di altri autori. Ha gestito per cinque anni una sala polifunzionale a Pessano con Bornago, nell'hinterland milanese, facendola crescere con un quotidiano lavoro sul territorio, interrotto, come spesso capita, da un avvicendamento politico al vertice dell'amministrazione comunale. Attualmente, gestisce uno spazio all'interno del passante ferroviario di Porta Vittoria, a Milano, inserito nel più ampio progetto Artepassante, in cui lavora per far crescere una rassegna di nuove proposte.

"Con il lockdown abbiamo iniziato anche a tenere dei corsi di drammaturgia", dice Chiara Boscaro. "Ci siamo resi conto che al di là di ciò che si fa per guadagnare, di tutto il proliferare di laboratori che c'è in giro, c'è la possibilità di fare molto sulla formazione dello spettatore. Ovviamente, lavorare con aspiranti autori consente un approccio più specifico, più tecnico. Ma fare formazione per gli spettatori può essere davvero utile, e appassionante. Ci si allena a vedere meglio quello che si sta guardando."

Kokoschka Revival, *Animal Atmosphere*, 2021, particolare dell'installazione

Compagnie detonanti
Kokoschka Revival, Phoebe Zeitgeist

Molte compagnie indipendenti nate negli anni Dieci aggiornano e sviluppano modalità organizzative ed espressive, restando comunque nel solco della tradizione teatrale; altre, per le più svariate ragioni e percorsi, scivolano dalle dita come oggetti ibridi difficilmente leggibili. Milano è un terreno fertile perché anche questa vegetazione atipica possa trovare il suo spazio.

È il caso di Strasse, compagnia fondata nel 2009 da F. De Isabella e Sara Leghissa, che ha proposto negli anni performance in cui indagava e metteva alla prova il linguaggio espressivo del corpo in rapporto al paesaggio urbano. In *Solo* (2014), per esempio, un performer telefonava a un singolo spettatore indicandogli un percorso, che poteva anche comportare la proposta di prendere un treno per una città vicina, solo per scoprire che lo spettacolo era esclusivamente il viaggio. In *The End* (2018), gli spettatori venivano divisi in gruppi e guidati nello spazio urbano per assistere a diversi modi di finire: poteva capitare di osservare un barista portare i tavolini esterni all'interno del proprio locale e svolgere tutte le normali pratiche necessarie alla chiusura. Questo approccio è figlio di una tendenza sempre più diffusa nel teatro contemporaneo, quella di inserire all'interno di strutture drammatiche di origine teatrale pratiche e strumenti mutuati dalle arti visive contemporanee. Non a caso dal 2017 la compagnia è stata artista associato di Triennale Teatro dell'Arte che, con ZONA K, è una delle realtà milanesi più interessata a queste tendenze. Nel 2020 Strasse ha comunque annunciato la fine delle attività e la prosecuzione del percorso delle due artiste verso carriere soliste.

Kokoschka Revival è un collettivo artistico fondato nel 2013 da Ana Shametaj e Andrea Giomi, poco più che ventenni, insieme a una quindicina di altri studenti. Alcuni sono, come Shametaj, allievi della Civica Scuola d'Arte Drammatica Paolo Grassi, altri provengono dai più svariati corsi di studio. Il gruppo si raccoglie attorno al lavoro su uno spettacolo, *Trilogia del Triangolo* (2015), un esperimento che fonde tre drammaturgie di segno e stile diverso in un unico lavoro. Scritto da Ana Shametaj insieme a Riccardo Calabrò e Alessandra Ventrella, il lavoro presenta elementi che saranno al centro della ricerca del gruppo, in particolare l'approccio multimediale e un ampio uso di nuove tecnologie; si avvale del sound design di Andrea Giomi, che già da tempo porta avanti sperimentazioni sull'interattività e la musica elettronica. Il progetto dello spettacolo richiede la collaborazione di diversi comparti al lavoro su aree specifiche, anche molto tecniche, e ha già in sé la spinta propulsiva alla creazione di un collettivo.

L'altro elemento attorno a cui si raccolgono i collaboratori di Kokoschka Revival è la socializzazione di uno spazio, che viene agito e vissuto come bene comune. Si tratta di una villetta di quattro piani in pieno centro, dietro piazza Cinque Giornate, affittata collettivamente per vivere a Milano durante gli studi. Nella cantina della villa, sebbene non troppo grande e piuttosto umida, cominciano le prime prove e gli esperimenti di messa in scena; la disponibilità di questo luogo contribuisce a creare una prassi quotidiana di ricerca, che spesso si protrae a lungo, la sera, finite le lezioni universitarie.

"Il tempo che puoi dedicare al lavoro in sala si sente molto nella qualità del lavoro", dice Ana Shametaj. "Quella casa era uno spazio che attraeva le persone. Credo fossero attratte anche dalla nostra energia. Abbiamo creato una piccola economia, che sosteneva il lavoro del collettivo, organizzando feste. Mescolavamo musica, idee performative e piccoli storytelling che diventavano il tema della serata. Cose anche molto goliardiche, come *Nasty Aquarium*, con al centro il rito di cambiare l'acqua a un pesce, o *Kokoschka Kombat Klub*, in cui si esibivano lottatori di muay thai."

Le feste di Kokoschka Revival hanno un successo enorme, tanto che negli anni la casa non basta più a sostenere l'afflusso di persone e devono essere cercati spazi più grandi. Il gruppo comincia ad organizzarle al centro sociale occupato Macao.

"A un certo punto la cosa ci ha preso la mano, ci siamo resi conto che non stavamo più facendo arte performativa, ma organizzazione di eventi", dice Shametaj. "Dovevamo fare una scelta, anche se in quel contesto abbiamo potuto sperimentare, incontrare tantissimo pubblico. Ci volevano, ci pagavano, a volte ci inseguivano per pagarci e avere un nostro evento. Esattamente il contrario di quello che ci accadeva nei piccoli teatri in cui

Kokoschka Revival, *Gli indocili*, 2019, still da film. Foto di Ana Shametaj

riuscivamo a lavorare, che ci davano il loro spazio con una percentuale sugli incassi e il pubblico finivamo a portarlo tutto noi. In teatro ci dicevano che bisognava studiare, capire a chi si rivolge il tuo lavoro, praticare l'*audience development*. Poi crei uno spazio poroso che ti corrisponde, e la gente accorre. Probabilmente bisognerebbe crearselo da soli anche in teatro, quello spazio".

Gli spettacoli di Kokoschka Revival sono sempre stati il frutto di lunghi percorsi di ricerca, ma hanno sempre avuto vita breve sul palcoscenico. *Lars* (2017), spettacolo che esplora dall'interno la complessa psicologia del regista cinematografico Lars Von Trier, debutta al Teatro Franco Parenti; la compagnia investe notevoli risorse per una residenza in Danimarca, ma il lavoro non vende repliche né in Italia, né all'estero. *You Fight* (2019) è il risultato di lunghe sessioni laboratoriali e di una vasta e costosa ricerca tecnologica (nello spettacolo si utilizzano oggetti che producono suoni, a seconda di come vengono mossi nello spazio, producendo sinfonie elettroniche in simbiosi con i corpi; le attrici utilizzano in scena visori per la realtà virtuale; vengono commissionati e realizzati appositi software per far funzionare l'impianto scenico), ma, sebbene ottenga il sostegno di una realtà importante come ZONA K, non circuita secondo le aspettative del gruppo.

"Lavoriamo sempre intorno a dei limiti fisici e psichici che a livello performativo ci fanno da guida per esplorare delle possibilità", dica Ana Shametaj. "Il dispositivo tecnologico non è uno strumento, ma una visione del mondo. È il primo elemento per risignificare lo spazio e la relazione con questo ecosistema in cui siamo immersi. La tecnologia è un organismo. Non è un discorso distopico. È una scelta: quanto vuoi essere presente o assente rispetto a un ecosistema? È in questo bivio che noi possiamo lavorare come produttori di contenuti".

Se il teatro resta un terreno difficile da guadare per Kokoschka Revival, altri ambiti espressivi si dimostrano al contrario estremamente risonanti rispetto al suo lavoro. Nel 2019 Ana Shametaj firma la regia di *Wild Words*, un documentario incentrato sul processo creativo del Teatro Valdoca, che ottiene un'ottima ricezione ed è stato programmato da diversi festival internazionali. Dal 2017, il gruppo collabora con Stefano Roveda, precedentemente socio di Studio Azzurro ed esperto di tecnologia interattiva, con cui apre nuovi ambiti di intervento. La ricerca svolta per gli spettacoli viene capitalizzata per una diversa agenda di clienti, che proviene dal mondo della moda e da quello del design, al contrario di quello teatrale interessato a determinati contenuti per fare branding.

È il caso, per esempio, delle installazioni interattive prodotte nel 2021 a Palazzo Bovara. In *Spectrum* il movimento dei visitatori cambia i gradienti di colore all'interno di una stanza: se si resta immobili non accade nulla, se ci si muove lo spazio passa dal rosso a tonalità di blu, in stretta relazione col numero di persone presenti e con la velocità dei loro spostamenti. *Infiorescenze* si basa su alcuni studi che hanno tradotto il processo di crescita delle piante in altrettanti algoritmi, per cui ogni specie possiede la sua riga di codice. Kokoschka Revival ha creato su questa base un software che crea una grafica generativa in tre dimensioni dando vita a un giardino in un corridoio di 11 metri. Lo spettatore viene seguito da una sorta di pulviscolo sulla parete: se si ferma, davanti ai suoi occhi cresce e si sviluppa una pianta. Quante più persone sono presenti, tanto più va a svilupparsi una foresta, composta da trentadue specie diverse. Se gli presti attenzione, la Natura si manifesta.

Kokoschka Revival, *Revival You fight!*, 2019. Foto di Ana Shametaj

"Stiamo aprendo una S.r.l. per gestire questa parte del lavoro", dice Shametaj. "Ma teniamo aperta la no profit, perché speriamo sempre che qualcosa prima o poi si muova dal lato istituzionale, pubblico. La nostra radice è il teatro. Io e Andrea reinvestiamo metà del nostro fatturato nella ricerca, e nell'insieme della nostra economia l'attività teatrale conta credo per il quattro per cento. In pratica, è quello che guadagniamo con la diversificazione che decide se l'anno prossimo faremo teatro oppure no, dato che sarà in ogni caso un'attività in perdita".

Attorno a Kokoschka Revival ruotano fluidamente come satelliti quindici o venti persone: alcune si attivano sui progetti teatrali, altri su quelli di produzione di servizi. La compagnia continua, comunque, a perseguire modalità creative orizzontali e allargate, in particolare attraverso la modalità della residenza. Il gruppo ne organizza almeno due all'anno, per attraversare e approfondire le tematiche che gli interessano.

"L'ultima è stata a gennaio 2021", dice Shametaj. "L'abbiamo preparata in quattro mesi, anche relazionandoci con degli avvocati, per tutta la situazione relativa al Covid-19. Abbiamo invitato dodici persone, sei artisti e sei manager, dei "tecnici". Il tema era se l'arte può creare un ponte con la sanità, essere utile in qualche modo. Quindi c'era una condivisione di pratiche da parte degli artisti e un lavoro di progettazione che cercava di rendere concreti questi spunti. Sono nati diversi progetti, tutta una letteratura interna pronta per essere sviluppata. Fare due residenze all'anno ci tiene in piedi a livello di identità. Non è come leggere un testo e decidere di metterlo in scena, che è comunque una spinta autoreferenziale. Non ci si interroga sulla forma, ma su comunità che condividono pratiche".

Questa modalità creativa è sempre più diffusa in chi si muove al di fuori dei circuiti teatrali. Edoardo Mozzanega, performer, anche lui socio di Kokoschka Revival, ha dato vita da qualche anno a *Neutopica*, progetto residenziale nomade che si sviluppa in spazi differenti, pubblici e privati. Attraverso una call coinvolge artisti, danzatori, architetti, intellettuali, in processi di ricerca in cui un pensiero è rivolto allo spazio e uno ai corpi che vanno ad abitare quello spazio, sviluppando pratiche ecologiche che approfondiscono il rapporto con la natura, senza porsi un obbiettivo di risultato immediato o di resa spettacolare.

Sempre di più, sebbene in un contesto socioeconomico totalmente differente e con retroterra culturali ed etici contemporanei, torna nella vita teatrale quel concetto di *arte come veicolo* che ha dato forma all'ultima ricerca di Jerzy Grotowski.

La compagnia Phoebe Zeitgeist viene fondata nel 2008 da Giuseppe Isgrò e Francesca Frigoli. Il nome della compagnia è ispirato a un testo poco rappresentato in Italia di Rainer Werner Fassbinder, *Sangue sul collo del gatto*, che a sua volta si ispira a un fumetto distopico americano del 1965 di Michael O'Donoghue e Frank Springer.

"*Le avventure di Phoebe Zeitgeist* parla di una aliena del linguaggio che arriva nuda nelle città europee bombardate del secondo dopoguerra e crea dei problemi di linguaggio, di eros", dice Giuseppe Isgrò. "Ripete quello che sente dire nel suono, ma spostando completamente l'intenzione, perché ha imparato il linguaggio umano ma non ne ha capito il significato. È un gioco linguistico situazionale che si colloca nei mondi culturali legati prima a Wittgenstein, poi alla Scuola di Francoforte. Crea uno spiazzamento,

Phoebe Zeitgeist, *Note per un collasso mentale*, 2011. Foto di Alessandra Catella

che è la nostra idea della parola come luogo non sicuro, ma plastico, immaginale, anche ambiguo e mutevole, in cui non c'è un'unità di senso. Spesso ci criticano dicendo che i nostri spettacoli non si capiscono. Gli spettatori che non sentono il bisogno di un livello narrativo lineare, invece, entrano in connessione".

La prima apparizione del gruppo si può datare al 1998 in forma di band punk, venata di influenze elettroniche sperimentali e attraversata da un ampio ventaglio di interventi performativi. Con l'andare del tempo quella che loro stessi definiscono una "perversione" per il teatro prende il sopravvento, sempre però all'interno di un linguaggio altro rispetto a quello praticato sui palcoscenici tradizionali. Sebbene Giuseppe Isgrò si sia formato studiando con Cesare Lievi e lavorando come assistente alla regia con Ferdinando Bruni, ha sempre in qualche modo tenuto la posizione dell'outsider, preferendo la laurea in lettere, i festival, a un percorso in un'accademia teatrale. I suoi riferimenti sono spettacoli visti a Berlino frequentando la Schaubühne e la Volksbühne (teatri per gli artisti italiani avvolti da un'aura quasi mitologica), in particolare i lavori di Thomas

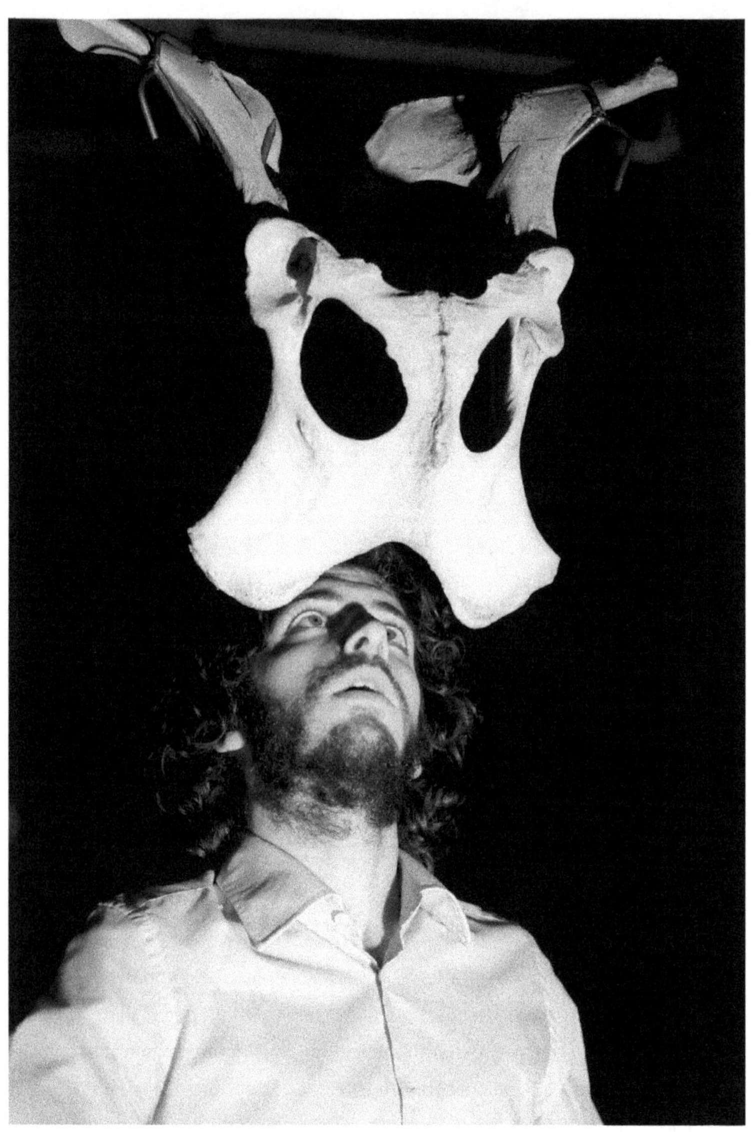

Daniele Fedeli in *Malagrazia*, 2017. Foto di Mauro Brovelli

Francesca Frigoli in *Aspra*, 2019. Foto di Daniele Fedeli

Ostermeier, Frank Castorf, Sasha Waltz e Romeo Castellucci (in quegli anni il regista italiano, impegnato nelle sue ricerche più innovative, era rappresentato quasi esclusivamente all'estero). "In quei teatri", dice Isgrò, "c'erano nottate di musica elettronica, performance, mostre d'arte. Era ispirante che in Germania, a un passo da noi, questi mondi si toccassero e non fossero completamente divisi e a sé stanti. Qui, in genere, se chiedi a una persona che non ha qualche contatto con il teatro e si occupa di arte contemporanea o di architettura o di filosofia, ti dice: io a teatro non ci voglio venire. Lo considerano un posto noioso, dove si pratica un linguaggio vecchio, morto, borghese. Di base chi si occupa di contemporaneo in Italia non vuole venirci, a teatro".

Nei primi anni Isgrò e Frigoli si muovono molto all'estero per studiare, vedere opere difficili da incrociare in Italia e frequentare scene più attinenti alle arti visive e alla musica elettronica. Fare di Milano la propria sede è anche frutto di occasioni casuali, come la possibilità di riadattare e utilizzare come luogo di lavoro e sala prove un magazzino in disuso. Per chi pratica il teatro, avere uno spazio sempre a disposizione è una forma di lusso creativo. Phoebe Zeitgeist si muove in un territorio dove la cultura alta si mescola senza barriere alla sottocultura del clubbing e della musica d'avanguardia, in una chiave molto poco presente nel nostro paese; forse anche per questa ragione la compagnia non si impegna esclusivamente nell'allestimento di spettacoli, dando parallelamente vita a dispositivi di produzione concettuale e a spazi di discussione e confronto. È il caso della rivista *Blut*, nata nel 2012 in formato cartaceo e migrata sul web nel 2020: la compagnia invita artisti, docenti universitari, esperti di specifiche discipline a scrivere intorno a uno spunto immaginale dato da una parola o una frase, raccogliendo poi i contributi in singoli numeri monografici.

"Ci interessa costruire una scena nella realtà", dice Isgrò. "Portare la scena al di fuori dell'esclusività della sala teatrale. Essere noi stessi scena attraverso azioni. Ci interessa costruire un mondo poetico complesso fatto di immagini. Per questo lavoriamo con artisti visivi, con scrittori, con architetti, con filosofi. Il teatro è uno spazio in cui far convergere una moltitudine di linguaggi".

Dopo il primo spettacolo (*Line, il tempo* di Ágota Kristóf), che debutta al Teatro dell'Elfo nel 2007, la compagnia affronta un percorso di ricerca dedicato al teatro di Copi, incominciando a definirsi sia stilisticamente, sia a livello tematico. La sessualità, il corpo, la fluidità di genere, la vasta superficie del desiderio e l'orizzonte sempre problematizzato del potere, vengono portati sul palco in partiture rigorose, a volte aggressive, sempre con il gusto di sfiorare un immaginario vagamente perturbante. Nel 2010 viene presentato *Note per un collasso mentale,* frutto di un'esplorazione del mondo letterario di J.G. Ballard, più che uno spettacolo un concerto di musica sperimentale, un cabaret post-punk in chiave fantascientifica. Il lavoro su Ballard segna l'incontro con Antonio Caronia, intellettuale e figura centrale nella critica letteraria fantascientifica, e Francesca Marianna Consonni, curatrice e critica d'arte, ancora oggi *dramaturg* della compagnia: Phoebe Zeitgeist inaugura la sua modalità di creazione che si fonda su una vasta ricerca attorno ai materiali prescelti, sempre in connessione con rappresentanti delle più varie discipline, ai quali è richiesto di allargare lo sguardo del gruppo sul tema. Viene organizzato anche un convegno, diffuso in vari spazi della città, intitolato *Ballard Milano 2011*, che rende lo spettacolo uno dei gesti multipli di approfondimento e reinterpretazione dell'opera dello scrittore.

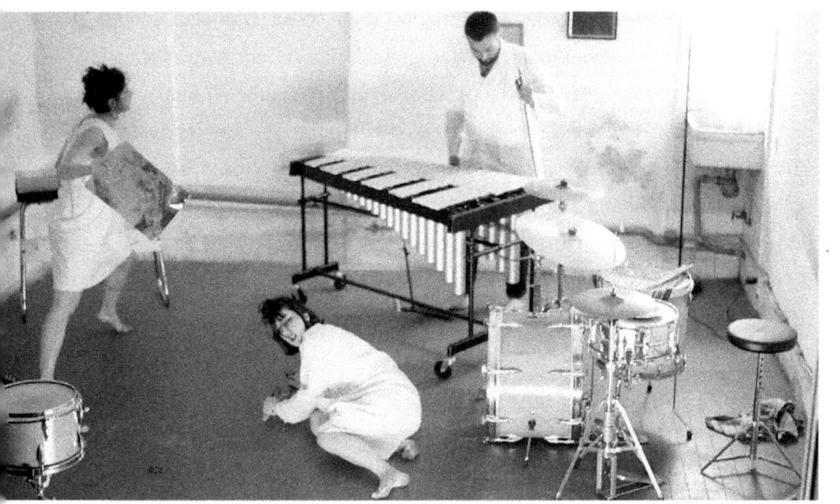

Francesca Frigoli, Elia Moretti, Giselda Ranieri nella performance *Cantieri bavaresi #1*, percorso di ricerca verso la costruzione del BAAL di Brecht (2015).
Foto di Sophie Ko

"Ci interessa una dimensione politica e di attivismo, vogliamo credere, come diceva Brecht, che sia possibile modificare la realtà", dice Isgrò. "Cerchiamo di portare il disturbo, di portare l'interferenza, far leggere alle persone testi che non avevano letto, fargli ascoltare musica che non avevano ascoltato. In questo modo fidelizziamo il nostro pubblico. Chi ci segue sa che quando siamo in scena incontra un determinato immaginario, con le connesse scelte di posizionamento".

Altri spettacoli cardine nella ricca produzione del gruppo sono *Baal* (2016), messa in scena del testo giovanile di Brecht, prodotto dal teatro Franco Parenti e selezionato al 15th Symposium of the International Brecht Society, presso il St. Hugh's College di Oxford, spettacolo in cui si porta a compimento la lunga collaborazione con il percussionista Elia Moretti; *ReProduction* (2017), caustica demolizione della genitorialità, lavoro molto amato da alcuni, che ha ricevuto contestazioni e critiche particolarmente intense; *Malagrazia*, (2018), di Michelangelo Zeno, in cui due bambini indagano il senso della fine reinventando un'immaginaria storia familiare.

In questi ultimi lavori, inizia a comparire sulla scena Daniele Fedeli, giovane attore che sembra incarnare alla perfezione sia l'universo estetico della compagnia, sia la tendenza a posizionarsi in spazi ufficiali seguendo percorsi da outsider: arrivato a Milano per tentare le ammissioni in varie Accademie, non ne passa nessuna. Guardandosi attorno, inizia a collaborare con Phoebe Zeitgeist e viene scritturato dal Teatro dell'Elfo per un ruolo da protagonista in *Lo strano caso del cane ucciso a mezzanotte*, dal romanzo di Mark Haddon, che diventerà lo spettacolo più visto nella storia di quel teatro e varrà al giovane attore una candidatura come finalista ai premi Ubu 2019. La compagnia ha comunque collaborato spesso con attori provenienti da percorsi accademici, come Woody Neri, Elena Russo Arman, Nicola Stravalaci e Cinzia Spanò.

Nonostante da quindici anni Phoebe Zeitgeist sia ospite con almeno due spettacoli in varie stagioni teatrali milanesi, sempre molto affollate di spettatori, e abbia collezionato repliche e coproduzioni in molte città italiane, nessuno di questi teatri ha mai offerto al gruppo una reale produzione.

"In questo momento abbiamo cose che andranno in vari teatri, l'Elfo che ci ha richiesto uno spettacolo di quattro anni fa, *Malagrazia*, che già si ambientava in una pandemia", dice Isgrò. "Stiamo lavorando molto con l'associazione Terzo Paesaggio, nel borgo di Chiaravalle, stiamo organizzando un festival di musica elettronica con l'Adriano Community Center e organizzo workshop in Naba e in altre Accademie. Penso che il sistema teatrale italiano sia mortificante. Sono tornato a Berlino e ho visto alla Schaubühne uno spettacolo di Katie Mitchell, un'ora e cinquanta senza intervallo, sull'*Orlando* di Virginia Woolf: completamente stravolto, riscritto su quattro piani differenti, un video set in scena, quinte sfondate, una radio cabina con un'attrice che descrive i vari stati della genderitudine di Orlando. Il teatro aveva seicento posti pieni, c'erano anche donne islamiche con il chador, e non vedo perché quando abbiamo in paesi adiacenti al nostro esempi così, noi dobbiamo continuare a mortificarci vivendo un'esistenza di minorità e accettazione di meccanismi oggettivamente sbagliati. Ora la nostra è una condizione di profonda solitudine e poche alleanze dentro al teatro, ma di profonda connessione con artisti, architetti, musicisti, studiosi, universitari".

Nel 2018, sempre fedeli a una certa cultura underground, i Phoebe Zeitgeist festeggiano i loro primi dieci anni al Lume, centro sociale oggi chiuso, animato da giovani studenti. Viene costruito un pavimento di bancali su cui si tiene un laboratorio con venticinque partecipanti, nel gelo di un gennaio senza riscaldamento. La serata, intitolata Dècade, prevede un susseguirsi di set musicali fino alla mattina, in mezzo a grandi poster in carta da parati che presentano, in un precipitato di immagini, i segni fondamentali dell'estetica della compagnia.

L'incasso della serata è stato superiore a quello di due settimane di repliche in un teatro.

Fattoria Vittadini, *Festival del silenzio*, 2018. Foto di Steve Stymest

Un festival del silenzio
Fattoria Vittadini

In Italia la danza contemporanea trova spazio perlopiù in festival e vetrine specificatamente dedicate. Milano in questo senso (insieme all'Emilia-Romagna) rappresenta una felice eccezione, gli artisti vengono inseriti nelle stagioni ufficiali e, per quanto la tenitura degli spettacoli sia generalmente più breve rispetto alla prosa, hanno un pubblico ampio che li segue. Molta di questa cultura del movimento si deve anche alla centralità, nel panorama della formazione italiana, del Corso Danzatore presso la Civica Scuola Paolo Grassi di Milano, coordinato dalla critica e storica della danza Marinella Guatterini, che non si concentra solamente sulla tecnica, ma si pone l'obbiettivo di avviare gli studenti alla creazione coreografica. Va anche segnalato l'ottimo piano d'ascolto instauratosi negli anni fra artisti e operatori del settore con le istituzioni comunali e regionali.

La scena indipendente della città è viva e sono attivi sul territorio sia singoli artisti, sia situazioni più strutturate, che nel tempo sono diventate autentici punti di riferimento. È il caso della DanceHaus diretta da Susanna Beltrami, che oltre a gestire una scuola, produrre spettacoli e ospitare residenze di giovani artisti, è stata riconosciuta nel 2018 come Centro Nazionale di Produzione della Danza. In città operano giovani coreografi che portano avanti ricerche interessanti, come Michele Colturi o Francesco Marilungo (che nel 2020 ha vinto il premio Internazionale Prospettiva Danza con lo spettacolo *Party Girl*), o il collettivo Laagam, fondato da un drammaturgo, un compositore e sei danzatrici/coreografe, che opera a livello nazionale con produzioni e laboratori aperti di improvvisazione, e nel 2021 ha dato vita a un progetto di residenza per artisti, *Orobie Residenze Artistiche*, in un paese immerso nei boschi in provincia di Sondrio, Castellaccio. Sempre a Milano, fanno base la compagnia Sanpapié, diretta da Lara Guidetti, che porta avanti una ricerca sul rapporto fra movimento e testo; e Annamaria Ajmone, danzatrice e coreografa ormai affermata, forse uno dei corpi performativi più intensi oggi sulla scena (si ricorda la sua performance del 2015, sola di fronte a centinaia di spettatori nel cinema della Fondazione

Prada, inserita nel progetto di Virglio Sieni *Atlante del gesto*), artista associata della Triennale Teatro Milano per il periodo 2019-2024.

Una delle realtà indipendenti più attive sul territorio e più interessanti per modalità produttive e attività di progettazione culturale è Fattoria Vittadini, fondata nel 2011 da undici allievi diplomati al corso Danzatore della Paolo Grassi. La spinta iniziale è, da una parte, la volontà di restare uniti, creando uno spazio in cui poter praticare una formazione continua e perfezionarsi a livello professionale, dall'altra, l'incoraggiamento di Maurizio Schmidt e Mimma Gallina, all'epoca ai vertici della Scuola. I due organizzano tre date per altrettanti saggi realizzati durante il corso (a Torino Danza, alla Biennale Danza di Venezia e in un teatro parigino), lasciando il cachet alla neonata associazione. Questo permette al gruppo di cominciare il proprio lavoro con un movimento economico ben diverso da quello che si trovano ad affrontare di solito i nuovi progetti.

"Vittadini è un collettivo artistico di danzatori e autori che da un lato si pone l'obbiettivo di sostenere i progetti autoriali interni, dall'altro quello di invitare coreografi esterni per studiare, contaminarsi, produrre", dice Riccardo Oliver. "Abbiamo fatto la scelta di non lavorare sulla continuità, ma di ritrovarci di volta in volta attorno ai singoli progetti, per permettere a ciascuno di sviluppare progetti esterni. Ci sono tre livelli che si incrociano. Uno è la direzione artistica vera e propria, quindi la valutazione di merito rispetto alle attività che scegliamo di fare. Poi ci sono le produzioni, la scelta dei coreografi esterni e il sostegno ai progetti dei soci. Infine c'è il gestionale, che, come collettivo, è forse la cosa più difficile da portare avanti. Fin dall'inizio, nel gruppo sono emerse figure, anche molto distanti fra loro, che hanno portato avanti parti della complessa questione organizzativa".

Negli anni Fattoria Vittadini ha prodotto un grande numero di spettacoli, come *My true self* (2010), fra i primi lavori e quasi un manifesto programmatico, una coreografia di Maya Weinberg in cui i danzatori esplorano il desiderio di essere qualcun altro; *Amor (2012),* duetto di Riccardo Olivier e Cesare Benedetti sull'amore e sulle sovrastrutture preconcette attorno alla mascolinità; *To this purpose only* (2013), ideato e coreografato da Nicola Mascia e Matan Zamir, riflessione in tre quadri sugli stereotipi della percezione dell'immaginario nazional-popolare sud europeo; *Esemplari femminili* (2017), riflessione sulla femminilità ideata e

Fattoria Vittadini, *I Love*, 2012. Foto di Steve Stymest

interpretata da Francesca Penzo e Tamar Grosz, con la voce narrante in LIS (Lingua dei Segni Italiana) di Rita Mazza; e molti altri.

Al lavoro di ricerca sulla danza e alla produzione Fattoria Vittadini affianca un ampio lavoro di promozione culturale, spesso affrontando temi inclusivi, oggi al centro del dibattito pubblico. Nel 2018, anno in cui riceve il premio Hystrio, dopo una lunga trafila burocratica e lunghe attese, viene assegnato alla compagnia uno spazio all'interno dell'Ex Fabbrica del Vapore di Milano, che prende il nome di *Spazio Fattoria*. Nello stesso anno organizza *Think Pink!*, con la direzione artistica di Francesca Penzo, un festival che "nasce dal desiderio di celebrare l'importanza del femminile nel contemporaneo e promuovere la tutela della biodiversità, intesa come varietà di organismi e identità". Negli spazi della Fabbrica, in cordata con altre realtà, Fattoria Vittadini organizza nel 2020 un meeting IETM (uno dei più importanti network internazionali dedicati alle performing arts) e dà vita al progetto di residenze artistiche *theWorkRoom*.

Spazio Fattoria, Fabbrica del Vapore 2018

Il progetto culturale di maggiore risonanza è il Festival del Silenzio, che lavora per unire la parte di mondo che può sentire a quella dei non udenti, proponendo "forme artistiche e performative che possano essere apprezzate senza l'aiuto della lingua parlata o segnata" .

"Anni fa Cesare Benedetti ha iniziato a studiare la lingua dei segni", dice Olivier. "Insieme a Pieradolfo Ciulli, sempre della compagnia, avevano tenuto un laboratorio in cui si cercava di contaminare la danza con la LIS. Io mi ero unito soltanto all'ultimo giorno di lavoro e mi ero emozionato molto. Ho pensato che fosse un peccato vivere quell'emozione in dodici, che dovesse essere un'emozione per duemila persone, che dovevamo creare un festival, e che fosse necessaria la direzione artistica di una persona non udente. Abbiamo chiesto a Rita Mazza, che già conoscevamo. È un'artista, vive a Berlino, vede molte cose, era il profilo giusto. Ha rifiutato più volte. Diceva: cosa faccio, vengo a lavorare con quattro udenti? Posso sentirmi libera di fare la mia direzione artistica, o devo insegnare a voi che cosa è la LIS? Aveva già chiare tutte le difficoltà che avremmo incontrato nel percorso".

Spazio Fattoria, Fabbrica del Vapore 2018

Maturata l'idea, servono fondi. La compagnia li trova, come spesso accade in Lombardia, applicando a un bando di Fondazione Cariplo, con due azioni: una personale dei lavori più importanti di Fattoria Vittadini, intitolata *It's a little bit messy*, e il festival stesso. La prima edizione si tiene nel 2018 e riscuote grande attenzione, sia da parte del pubblico, sia da parte delle istituzioni (tanto da essere premiato con la Medaglia del Presidente della Repubblica). In qualche modo, il *Festival del Silenzio* rende accessibile uno spazio vuoto di cui molti, udenti e non udenti, sentivano il bisogno di varcare la soglia.

"È un progetto stupendo, ma ha anche dei problemi", dice Olivier. "In primo luogo, è fatto da udenti. Nel senso che pur avendo una direzione artistica e uno staff non-udenti, il cuore pulsante della struttura è Fattoria Vittadini. Io come management, Cesare per l'amministrazione, ma non solo: Anna Sironi per il Fund Raising, Sara Prandoni per l'ufficio stampa, Giulia Pastore alla direzione tecnica, e altri. Quindi, pur collaborando sul coordinamento dello staff, sono i non udenti che devono adattarsi alla struttura organizzativa udente. In qualche modo si resta sempre nel campo dell'appropriazione culturale. Vorrei usare sempre il termine "non esclusivo", invece di "inclusivo". Perché il concetto di inclusione alla fine va a rafforzare il modello per cui noi siamo i giusti, che stanno al centro, e l'emarginato, noi che siamo bravi, lo includiamo. Quello che va modificato è che non devi essere nella condizione di poter scegliere se essere buono o cattivo, devi distruggere la tua posizione di potere, e se non è possibile in tempi brevi e in modo pacifico, nessuno vuole che scorra il sangue, devi almeno metterla in discussione. Credo che il *Festival del silenzio* debba essere interamente gestito da non udenti, e su questo ci sono posizioni diverse in compagnia. Una distanza per cui io e Cesare abbiamo deciso di lasciare i nostri rispettivi ruoli".

Al di là delle dinamiche interne, il festival abita un paradosso: da un lato è uno dei progetti più riusciti, aperti e progressisti realizzati a Milano negli ultimi anni; dall'altro, quanto più persegue il suo intento, tanto più sfiora il suo stesso limite: una domanda, senza risposte a portata di mano, che interroga profondamente molte delle pratiche artistiche contemporanee, là dove tentano di instaurare un rapporto realmente paritario all'interno di un sistema di differenze.

La terza edizione del festival, programmata per maggio 2020, è stata sospesa a causa della pandemia in corso. Fattoria Vittadini ha deciso di corrispondere ugualmente una percentuale, tra il trenta e il cinquanta per cento del cachet concordato, a tutte le compagnie che avrebbero dovuto partecipare.

Un teatro partecipato

Effetto Larsen

La pratica teatrale e quella delle arti visive hanno sempre avuto convergenze profonde, più o meno evidenti a seconda delle epoche, contaminandosi e spesso reinterpretando in un ambito approcci sperimentati nell'altro. Solo a titolo di esempio, *l'happening* a cui l'americano Allan Kaprow dà vita alla fine degli anni Cinquanta è chiaramente una declinazione nell'arte di processi di improvvisazione teatrale; altrove, in Europa, il teatro di Tadeusz Kantor sembra fissare in una solida struttura drammatica elementi tipici di quella particolare forma di performance. Per restare più vicini a noi, il lavoro della Socìetas Raffaello Sanzio e di Romeo Castellucci (oggi fra i più importanti registi teatrali italiani) si sviluppa negli anni Ottanta in stretto rapporto con le acquisizioni della body art e della performance, per poi procedere in un dialogo costante con l'opera di Matthew Barney e con il suo ciclo filmico *Cremaster*.

La rinnovata diffusione in Europa, negli ultimi vent'anni, di pratiche partecipative che coinvolgono lo spettatore, fornendogli strutture entro le quali produrre azioni e relazioni, ha senza dubbio origine in approcci sviluppati negli anni Ottanta e Novanta da artisti visivi. In Italia queste pratiche sono filtrate soprattutto attraverso due libri, ormai classici della critica d'arte: *Estetica relazionale* di Nicolas Bourriaud (Postmedia Books, 2010) e *Inferni artificiali* di Claire Bishop (Luca Sossella Editore, 2015).

"Sono testi che conosciamo e che abbiamo incontrato durante il nostro percorso", dice Matteo Lanfranchi, "ma non costituiscono un vero e proprio riferimento, dato che ci occupiamo di una forma d'arte che è in costante revisione e definizione, e quindi anche i riferimenti devono essere fluidi, dinamici. Quando abbiamo iniziato, il nostro lavoro venne definito site-specific, poi community art, poi participatory art o arte partecipativa, ed è probabile che una delle prossime etichette sarà quella di arte relazionale. Queste etichette servono da un lato a comunicare un percorso artistico, ma dall'altro sono strumenti di marketing, che agganciano interlocutori differenti".

Matteo Lanfranchi si diploma come attore presso la Civica Scuola di Teatro Paolo Grassi nel 2001. Dopo diverse esperienze lavorative in Italia e all'estero, sente il bisogno di mettere in discussione le modalità creative che ha incontrato nel teatro ufficiale e nel 2007 dà vita a una compagnia indipendente: Effetto Larsen. I lavori del gruppo vengono immediatamente etichettati come "teatro contemporaneo di ricerca", espressione ai tempi molto in voga, e sebbene riconosciuti ed apprezzati, non riescono ad uscire dal giro dei festival, restando confinati in un mercato prestigioso, ma ristretto dal punto di vista economico e di circuitazione.

"Nel 2012, esausto dei meccanismi produttivi del sistema nostrano, mi ritrovai a mettere profondamente in discussione il lavoro della compagnia", dice Lanfranchi, "e a inizio 2013 decisi di dare una svolta al nostro lavoro, dopo aver speso notti insonni nel tentativo di mettere a fuoco cosa mi mancava davvero: l'incontro con il pubblico, l'elemento caratteristico proprio delle arti performative. Proposi ai miei colleghi di ripartire da zero, di dedicarci alla pura ricerca e di aprire le porte della sala prove per tre giorni al mese a chiunque avesse voluto unirsi a noi".

Questo gesto all'apparenza semplice segna una svolta, all'inizio inconsapevole, e dà il via a una ricerca completamente nuova per Effetto Larsen. Il risultato di questo approccio è *Stormo*, un progetto pluriennale il cui nucleo è un workshop aperto a chiunque. Si lavora sul corpo come strumento di interazione e di ascolto, "permettendo al singolo di scoprirsi parte del gruppo e al gruppo di percepirsi come un'unica entità autoregolata. Vengono create le condizioni per far emergere un'intelligenza collettiva". Visti da fuori, i partecipanti sembrano realmente muoversi nello spazio come uno stormo di uccelli, che compone e scompone linee e direzioni con modalità apparentemente casuali, dietro le quali si intravvedono un ordine, un pensiero, forse delle motivazioni.

"Un artista fa il suo lavoro e questo può essere osservato, interpretato e definito da diversi punti di vista", dice Lanfranchi. "Stormo è stato osservato, discusso e condiviso da fisici, matematici, computer scientists, filosofi, sociologi, psicologi, musicisti, coreografi, danzatori, performer, teatranti, urbanisti, pittori, artisti video e fotografi, e ciascuno di questi sguardi ha portato qualcosa, ognuno ha avuto un diverso modo di definirlo. Questo è un aspetto degli oggetti artistici che amo molto".

Effetto Larsen, *Stormo/Flusso*, 2010

Nel 2015 Matteo Lanfranchi viene invitato a far parte di In Situ, un network europeo dedicato all'arte nello spazio pubblico, e in breve tempo passa dall'esplorazione di un territorio sconosciuto, all'essere considerato un esperto di processi partecipati. Lavorare a livello internazionale permette al gruppo di confrontarsi con altri artisti e realtà che, come loro, avevano portato il proprio lavoro al di fuori delle mura teatrali o che magari arrivavano da mondi completamente diversi, ma in qualche modo complementari.

Il modello di lavoro portato avanti dalla compagnia permette anche di incontrare fasce di pubblico molto diverse fra loro.

"Lo spettatore dei festival internazionali è quello che ci si può aspettare ai festival", dice Lanfranchi, "quindi mediamente colto e solitamente progressista. Quello che abbiamo osservato negli anni è che la versatilità e duttilità dei nostri progetti ha permesso al nostro pubblico di ampliarsi moltissimo. Anzi, molti festival e realtà che da tempo cercano di aprirsi a fette inesplorate di pubblico ci contattano proprio per la scalabilità delle nostre proposte: offriamo progetti che si declinano sempre in base alle specificità del territorio o della comunità che si sceglie di coinvolgere. Diventa ogni volta una vera e propria forma di co-produzione con chi ci ospita, un dialogo dettagliato che spesso dura mesi e ogni volta riapre il processo dei "come" e dei "perché" anche su format più che sperimentati".

Mnemosyne (2015), progetto incentrato sulla mappatura emotiva dei luoghi, è stato via via l'occasione per raccontare il ventennale di un festival (La Strada, a Graz, in Austria); uno strumento comparativo tra lo sguardo di due generazioni di abitanti per raccontare il cambiamento del tessuto socio-economico di un luogo e le sue conseguenze nel rapporto con le istituzioni (il quartiere Mirafiori Sud, a Torino); la mappatura emotiva di un nuovo centro culturale dal punto di vista di chi beneficia o offre un servizio di cura al suo interno (La Chartreuse De Neuville, Francia); lo strumento di indagine sulla tensione sociale tra un'istituzione e gli abitanti del Comune circostante (La Venaria Reale, Torino).

"Ogni volta è mettersi in ascolto, evitare di dare qualcosa per scontato, provare a rispondere con gli strumenti del progetto", dice Lanfranchi. "Le nostre esperienze più recenti mi hanno fatto mettere a fuoco un elemento a mio avviso fondante per gli artisti contemporanei, specie per chi si occupa di partecipazione: abbiamo la possibilità, se non la responsabilità, di intercettare dei bisogni che aleggiano nella società, e possiamo dar loro spazio, tempo e ascolto. Non abbiamo pretesa di risolvere, non sta a noi, ma sicuramente possiamo rispondere. Si tratta di un ruolo vacante nella società che abbiamo delineato, che non viene coperto. Chi dovrebbe farlo, d'altronde? La politica? La religione? Le istituzioni? Il ruolo sociale degli artisti è a mio avviso quello di creare possibilità, ampliare gli orizzonti, mostrare direzioni".

Dal 2015 Effetto Larsen ha iniziato anche a collaborare con le aziende: attività di team, comunicazione, facilitazione. Da un lato questo ha permesso di creare un business model per sostenere liberamente la ricerca artistica, dall'altro ha aperto un bacino di ricerca sulla partecipazione. Nelle aziende le persone non hanno comprato un biglietto, spesso non hanno nemmeno scelto di partecipare alle attività. Riuscire a coinvolgere anche loro, farle sentire ascoltate, richiede un lavoro particolare, dal quale

Effetto Larsen, *After-dopo*, 2019

il gruppo continua a imparare. Un campo di conoscenze ulteriori che viene poi impiegato anche nel lavoro più specificatamente artistico. È un po' come avere due cittadinanze, e per ciascun passaporto una lingua madre: ma è sempre lo stesso gruppo di persone, la stessa organizzazione, che declina le sue competenze in contesti diversi fra loro, inclusa ad esempio l'innovazione sociale.

"Ogni tanto mi chiedo se quello che facciamo oggi sia ancora teatro", dice Lanfranchi. "Mi chiedo anche se il teatro sia un'idea o un fatto. Tre cose mi colpiscono: la prima è che "teatro" è ancora la cosa più vicina per certi versi, ma soprattutto la più facile da comunicare. Se dico che ieri sono stato a teatro, il mio interlocutore sa immaginare la mia esperienza, se dico che ho preso parte a una performance partecipativa è più difficile; analogamente, per molti è più facile collocarmi come regista che come artista, è più chiaro, più diretto, più specifico. La seconda cosa che mi colpisce è come sia di nuovo una questione di definizioni: Pasolini diceva che quando il pubblico esce da una sala e lo si sente dire "questo non è teatro", sta facendo un paragone con una sua idea, con un riferimento interiore, che io trovo prezioso. La terza è che più procediamo nella nostra ricerca, meno performiamo. Il nucleo della partecipazione, per Effetto Larsen, è il rapporto tra artista e partecipante, e i progetti migliori sono quelli in grado di funzionare con poche, semplici istruzioni capaci di generare esperienze significative".

Uno degli elementi cardine del lavoro di Effetto Larsen è l'elevato grado di libertà del pubblico. Se da un lato c'è una questione di gusto e poetica, dall'altro questo diventa un forte punto di sbilanciamento, di perdita di controllo da parte dell'artista. Se una performance o un'esperienza sono state ben progettate, dovrebbero contenere tutte le informazioni necessarie e sufficienti perché il pubblico possa viverle, e quindi perché l'artista possa sottrarsi all'esecuzione.

Esattamente come avviene in *After/Dopo* (2019), in cui lo spettatore è invitato ad abitare uno spazio installativo nel quale, lasciando tracce del proprio passaggio, è invitato a riflettere sull'estrema fragilità e sulla finitezza del nostro attraversare il mondo.

Il lavoro di Effetto Larsen, anno dopo anno, va a comporre un arsenale di pratiche che amplia le traiettorie e i possibili usi di quell'arte che continuiamo a chiamare "teatro". Oltre a ciò, porta avanti una sperimentazione che si inserisce a pieno diritto in un movimento più ampio, interessato a sviluppare modelli artistici e gestionali per un teatro europeo; si muove insieme a molte altre compagnie indipendenti che, dal basso, stanno ponendo le basi per una risposta artistica alla domanda su come possa darsi un'identità transnazionale condivisa.

"La crisi economica del 2008, che è coincisa in sostanza con la nascita della compagnia", dice Lanfranchi, "ha mostrato tra le altre cose come la mobilità internazionale fosse diventata una strategia di sopravvivenza per gli artisti. Avere delle alternative, avere più interlocutori e sistemi di

Effetto Larsen, *After-dopo*, 2019

riferimento, richiede senz'altro maggiore impegno e fatica, ma restituisce maggiori possibilità di lavoro e di crescita. L'apertura internazionale per noi è stata fondamentale: da un lato ci ha permesso di individuare partner con i quali creare rapporti duraturi, che in Italia faticavamo a trovare, dall'altro ci ha permesso di confrontarci con altri artisti, colleghi, modalità produttive e culture. Avere l'opportunità di testare un progetto tra Sri Lanka, Repubblica Ceca, Italia, Kosovo e Francia permette di investigare qualcosa di più universale, di cercare di limare il superfluo, di tentare di parlare a tutti".

Tournée da bar. Foto di Max Volontè

Fare teatro ovunque
La tournée da bar

Il fatto che il teatro esca sempre più spesso dai confini dell'edificio che tradizionalmente lo ospita e che ci sia un pubblico numeroso disposto a incontrarlo nelle situazioni più varie è testimoniato dal successo di un progetto al tempo stesso popolare e sofisticato, la Tournée da Bar, ideata da Davide Lorenzo Palla. Diplomato attore alla Civica Scuola di Teatro Paolo Grassi, nel 2012 Palla ha già all'attivo numerose scritture per Teatri Stabili e compagnie di livello nazionale, quando decide di mettersi alla prova in spazi non convenzionali.

Si presenta in una serie di locali e circoli della città, proponendo una forma di tournée molto particolare: portare uno spettacolo ispirato al mondo dei burattini, *Tritacarne Italia Show*, per dieci serate consecutive, in dieci diversi bar. Nel 2013 ripete l'esperienza con il concerto/spettacolo *Mercatino di San Lorenzo*, mentre nel 2014 realizza il monologo *Otello*, da William Shakespeare, accompagnato dal vivo dal musicista polistrumentista Tiziano Cannas, che con il regista Riccardo Mallus è parte integrante di tutti i lavori del gruppo.

Se l'idea di recitare in un locale pubblico non è una novità, l'approccio di Palla ha qualcosa di innovativo nel modo di coinvolgere il pubblico e di ridurre i testi per renderli fruibili a chiunque, anche nelle situazioni più difficili; nel lavoro sulla comunicazione, promozione e merchandising; nell'applicazione di strategie di fidelizzazione mutuate dal marketing non convenzionale e veicolate da un uso sistematico dei social network e dei moderni canali di comunicazione.

Nel 2015 la Tournée da Bar si aggiudica il premio Che Fare e conseguentemente un contributo di cinquantamila euro per sviluppare e ampliare il progetto. Nel 2016 dà vita a una tournée nazionale che coinvolge più di 50 bar in sei regioni italiane. Nello stesso anno, oltre a ricevere il premio Rete Critica per la migliore comunicazione, vince il bando Open della Compagnia di San Paolo e il bando FUNDER 35, promosso da Fondazione Cariplo. Progressivamente coinvolge altri artisti creando per ogni spettacolo diversi cast, garantendosi un maggiore agio per una circuitazione capillare su tutto il territorio nazionale.

Negli ultimi anni, Davide Lorenzo Palla trasforma la sua compagnia e la sua squadra di lavoro in una impresa sociale (TDB S.r.l. impresa sociale), declinazione dell'ormai consunto modello associativo oggi al centro dei dibattiti di settore. Con una struttura organizzativa solida e un'attenzione mirata all'innovazione dei processi lavorativi e alla definizione di un business model efficace, il progetto incontra un crescente successo di pubblico al di fuori del sistema teatrale ufficiale. Sono anzi i teatri, spesso, a chiedergli di programmare sul palco i suoi spettacoli, anche con l'intento di rinnovare il proprio pubblico abituale. È il caso della lunga collaborazione con il Teatro Carcano, anche produttore di alcuni lavori: con il suo instancabile pellegrinaggio nelle serate milanesi, Davide Lorenzo Palla è riuscito più volte a riempire i suoi novecento novanta posti anche per lunghe teniture.

"Ho fatto questa scelta perché non ero più contento di quello che stavo facendo", dice Davide Palla. "Dal punto di vista economico e di circuitazione sul territorio nazionale potevo dirmi soddisfatto, ma dal punto di vista artistico sentivo la necessità di creare qualcosa che mi rappresentasse, sentirmi protagonista non solo sulla scena, ma a livello di pensiero, di poetica. Non era facile, per un attore come ero io, esordiente, giovane, trovare un teatro disposto ad accettare di mettere in scena in stagione un suo monologo. Da qui è nata l'idea di cominciare a girare in un circuito alternativo, un po' per sfida, un po' per sfinimento, un po' per necessità. Il vantaggio nell'emanciparsi da un sistema teatrale classico e tradizionale è che non si hanno padroni, non si hanno protettori; devi guadagnarti la fiducia del pubblico giorno dopo giorno, c'è un grande potenziale in termini di libertà, e quindi anche di felicità. L'altra faccia della medaglia è la fatica, perché sei da solo, felice, ma senza nessun appoggio. Il rapporto che si instaura col pubblico lavorando nei bar è reale, sincero, molto di più che nelle sale teatrali. Capita di recitare con otto persone davanti, a un metro di distanza, e di fermarsi dopo a parlare con gli spettatori. Vai in periferia e gli abitanti del quartiere ti ringraziano perché hai fatto Macbeth e glielo hai fatto capire. È un'operazione che accorcia limite fra l'aspetto culturale e quello sociale, fra il teatro e l'aggregazione".

Un servizio per il cittadino
Dopolavoro Stadera

Il carattere di un percorso teatrale è segnato da come comincia, e ogni inizio è una mistura di attitudini, desideri, tentativi e cose che succedono. Vlad Scolari si diploma alla Scuola Paolo Grassi di Milano nel 2009, affacciandosi su un settore teatrale che si contrae giorno dopo giorno. La crisi economica del 2008 è stata affrontata dal sistema in modo prevedibile: le strutture consolidate, sostenute da finanziamenti pubblici, hanno tenuto, ripiegandosi su sé stesse; la piccola e media produzione, i bandi, i contributi occasionali, fondamentali in Italia per chi accede alla professione, si sono ridotti in maniera drastica. Sono anni complessi per chi comincia e anche per quegli attori e registi che, attivi già da qualche tempo, invece di capitalizzare il proprio lavoro, vedono aprirsi attorno a sé occasioni sempre più rare.

"Nel 2014 avevo molto tempo libero, molti progetti che non andavano in porto", dice Vlad Scolari. "Avevano appena sgomberato un centro sociale, lo Zam, prima di tutto perché l'edificio occupato cadeva a pezzi. Ora è stato ristrutturato ed è la sede milanese di Emergency. I ragazzi del collettivo erano entrati in un altro edificio nella periferia sud, oltre piazzale Abbiategrasso. Un giorno incontro un ragazzo, Tommaso Russi, stava volantinando per informare il quartiere che lì dentro succedeva qualcosa. Ho cominciato col teatro da bambino, ho fatto tanta pedagogia come allievo, e mi sono sempre reso conto che per molti il costo di un corso di recitazione è proibitivo. Così, chiacchierando, abbiamo deciso di aprire un laboratorio teatrale a Zam, con una quota simbolica, venti euro, perché chiunque potesse permetterselo. Abbiamo sparso la voce e ho tenuto le prime lezioni, in autunno e in inverno, in una sala senza riscaldamento e luce elettrica. Gli incontri andavano spesso a vuoto, ma a gennaio in sei hanno deciso di continuare, e li ho portati fino alla fine".

Gli spazi urbani dismessi, restituiti alla comunità anche attraverso occupazioni illegali, ricorrono nelle biografie dei gruppi teatrali indipendenti. La città è scarsamente attrezzata con centri di aggregazione culturale ad accesso libero e gratuito, in cui i cittadini possano sperimentare le proprie inclinazioni e stare a vedere quello che succede. Questi luoghi marginali, ciclicamente diffidati o sgomberati dalle amministrazioni pubbliche, forniscono spesso un servizio fondamentale per i quartieri, contribuendo a ridurre il divario di classe nella fruizione e nella pratica delle arti. Nel teatro professionale le differenze socioeconomiche sono molto presenti. Molti artisti riescono a darsi un tempo anche lungo di formazione e crescita individuale, in genere attraverso il sostegno delle famiglie, altri hanno necessità di lavorare e monetizzare il proprio tempo. Costruire una carriera nel sistema teatrale italiano è difficile soprattutto per la seconda categoria, e questo tende negli anni appiattire il comparto artistico su un'unica classe sociale.

"Non era un vero e proprio corso di teatro", dice Scolari. "Se avessi fatto Goldoni non sarei andato da nessuna parte. Per tenere le persone legate al percorso servivano temi che sentissero vicini, in cui si potessero riconoscere. La storia che racconti, in quel contesto, vale più di tutta la formazione. Abbiamo deciso di parlare di periferia, del luogo in cui ci trovavamo. Invitavo i partecipanti a fare ricerca, portare materiali. Parallelamente si faceva un po' di propedeutica, dizione, voce, movimento... quello che si poteva fare in un luogo dove non potevi stare per terra, c'era la sporcizia di anni di abbandono. Siamo andati in scena a giugno. Il lavoro si intitolava *Robe di periferia*, lo abbiamo recitato sul tetto dello Zam. Sei attori giovani, tutti alla prima esperienza. È venuto molto pubblico, frequentatori del centro sociale, molta gente che a teatro non c'era mai stata".

L'anno successivo il laboratorio viene riproposto e gli allievi salgono a dodici, di cui solo due dal precedente. Comincia comunque a comporsi quello che sarà il nucleo portante di un gruppo caratterizzato dal continuo ricambio di persone: Luigi Vittoria, Irene Arpe, Dina Mohamed e Eleonora Ingannamorte. Si lavora sempre sulla periferia, prendendo spunto da una sceneggiatura di Pier Paolo Pasolini, mai trasposta sullo schermo, *La nebbiosa*. Lo spettacolo viene messo in scena in forma itinerante, utilizzando tutti gli spazi disponibili nell'edificio dismesso. Con questo lavoro nasce un gruppo stabile che si battezza Dopolavoro Stadera. La prima attività aperta e continuativa è *Palco Aperto*: una volta al mese membri del Dopolavoro ed esterni possono occupare il palcoscenico dello Zam per dieci minuti

Brigata Brighella con Paolo Rossi, Milano 2020.
Courtesy: Dopolavoro Stadera. Foto di Camilla Bianchi

e recitare un monologo, sperimentare frammenti di progetti in corso, improvvisare. Gli spettatori crescono e cominciano a tornare, si forma un pubblico. Il gruppo presenta ad ogni appuntamento un nuovo capitolo di una ricerca sul tema della Resistenza, che sarà proposto anche durante i cortei del Primo Maggio e in altre manifestazioni.

Il Dopolavoro Stadera si definisce una comunità teatrale, perché è impostato come uno spazio aperto che mette sullo stesso piano chi si occupa di teatro professionalmente e chi lo vive semplicemente come una esperienza fra le altre. Alcuni partecipanti al laboratorio cominciano ad approfondire la propria formazione iscrivendosi a laboratori esterni. Artisti più esperti, come l'attrice Alice Protto, si uniscono al gruppo, sia nelle fasi di formazione, sia in quelle di produzione.

"Un incontro importante", dice Vlad "È stato quello con Donatella Massimilla, la Presidente del CETEC (Centro Europeo Teatro e Carcere). Lei ci ha messo a disposizione gratuitamente la sua sala per le prove. Abbiamo ricambiato facendo dei lavoretti per l'associazione, curando il posto, aiutandola nelle sue iniziative. Provare con acqua corrente e riscaldamento in sala sembra nulla, ma era una rivoluzione. Ho partecipato al lavoro in carcere come assistente di Donatella, il resto del gruppo ha respirato quel contesto partecipando a delle performance. Donatella ci ha anche invitato a un Festival, e questo ha dato una spinta al lavoro su *Resistenze*. Avevamo passato l'autunno a raccogliere materiali sul tema, finché non è arrivata Irene Arpe con la deposizione del nonno, raccolta quando si incominciava a fare la storiografia di tutto quello che era successo in quel periodo. Il nonno era stato mandato negli appennini liguri dal partito comunista in una brigata di zona, la Brigata Coduri. Quella è diventata la storia che volevamo raccontare. L'ANPI di Sestri Levante ci ha chiesto di portare lo spettacolo da loro, in un circolo A.R.C.I. che si chiama Virgola, dal nome di battaglia di uno della Brigata. Ad assistere allo spettacolo c'era l'ultimo dei partigiani sopravvissuti, che all'epoca dei fatti aveva quattordici anni. Per me è stato uno dei momenti più alti del mio percorso artistico. Recitare lo spettacolo per le persone di cui parlava. E poi cose semplici, come l'accoglienza, la cena sociale dopo la replica. Essere seduti insieme attorno a una storia".

L'attività del *Dopolavoro Stadera* ha una direzione sempre più definita, sia dal punto di vista artistico, sia da quello dell'attivismo politico/culturale. Parallelamente alle attività di spettacolo vengono autofinanziati momenti di formazione con professionisti quali Giusi Zaccagnini e Mario Gonzalez. Se da una parte questi interventi provocano crisi e crolli di vocazione, dall'altra consolidano gli obbiettivi e il know-how dei partecipanti. Nell'estate del 2019 viene scritto e depositato uno statuto che trasforma il gruppo informale in associazione culturale.

La pandemia Covid-19 blocca i progetti in corso, fra cui un primo bando vinto con il Municipio 5 di Milano. La chiusura dei teatri blocca i processi in corso, e il Dopolavoro comincia a produrre contenuti da diffondere su Youtube, differenziandosi da altri con un progetto estetico preciso e una collezione di storie incrociate in grado di restituire l'idea di comunità che sta alla base del lavoro del gruppo. Nell'arco di due mesi vengono prodotti più di centoventi video.

Dopolavoro Stadera, *Resistenze*, 2018. Foto di Fabrizio Annibali

"A maggio 2020 c'è il primo via libera dalle chiusure, e durante tutto il periodo più caldo Luigi Vittoria aveva fatto volontariato con le brigate volontarie per l'emergenza, che facevano distribuzioni alimentari nei quartieri", dice Vlad Scolari. "Io ero rimasto in casa a leggere, avevo ripreso García Lorca. Mi sono ricordato di La Barraca, il teatro universitario con cui girava l'Andalusia diffondendo anche messaggi politici e sociali, in un tempo in cui ce n'era bisogno. Allora io e Luigi ci siamo detti: perché non facciamo un teatro ambulante? Visto che i teatri sono chiusi, uniamoci alle brigate e portiamo del teatro nei cortili durante le distribuzioni, nei quartieri popolari, quelli più fragili e a rischio; è quello che facciamo noi, portare qualcosa di teatrale e artistico in contesti in cui arriva poco o niente. Così è nata la Brigata Brighella".

Brighella è la maschera lombarda per eccellenza. Il progetto viene approvato sia dai volontari delle brigate, sia da Emergency, che li coordina. Il repertorio del Dopolavoro Stadera non è adatto ad essere rappresentato nei cortili delle case popolari, si va alla ricerca di una cifra che possa arrivare a tutti con leggerezza. Vlad Scolari decide di raccontare delle fiabe, qualcosa che tenga insieme il mito, una morale e una visione del futuro. Le *Fiabe Italiane* di Italo Calvino vengono lette e rilette, se ne isola la struttura e, a partire da questo modello, ogni attore scrive la propria storia originale. Indossate salopette da lavoro, armato di un microfono e di una cassa (per farsi sentire anche dalle finestre dei palazzi) il Dopolavoro si unisce alle distribuzioni e comincia a raccontare.

A Milano, terminata la fase più dura del lockdown, questa è forse l'unica azione teatrale spontanea dedicata alle fasce socio-economicamente più in difficoltà della cittadinanza. In ogni cortile, mentre i bambini si raccolgono ordinati e divertiti attorno ai narratori, i balconi delle case ALER si trasformano in palchetti. Osservando questo pubblico particolare salta all'occhio come gli spettatori delle stagioni teatrali milanesi siano estremamente omogenei dal punto di vista sociale, etnico ed economico. Nei cortili c'è forse la fotografia di una platea a venire, una sovrapposizione multietnica di età, di lingue e di culture, che restituisce l'importanza demografica delle seconde e terze generazioni. Una platea necessaria.

L'operazione non passa inosservata. Paolo Rossi ne viene a conoscenza e decide di dare una mano: nel giro di pochi giorni, nel cortile milanese della sede di Emergency, proprio dove in passato operava il vecchio Zam, i ragazzi del Dopolavoro Stadera sviluppano le loro fiabe in un laboratorio gratuito, offerto da uno dei più famosi attori italiani. Lui chiosa, ridendo: "Anche io avevo in mente di fare teatro nei cortili. Vi mando al massacro in avanscoperta, e intanto imparo cosa funziona e cosa no in quei contesti".

"Per quanto mi riguarda Milano è un'isola felice, la gente va a teatro e il sistema è migliore che in altre zone d'Italia", dice Vlad. "I ragazzi del laboratorio invece pensano che i teatri costino troppo. E non amano tutto il contorno, la vanità eccessiva, l'egomania degli artisti. Vedono sale dichiaratamente di una certa parte politica con ingressi a trenta euro, che magari prendono anche contributi per fare lo spettacolo sui migranti, che a quei prezzi sarà visto soltanto dalla solita élite borghese di sinistra. Hanno questo sguardo molto politico, vedono chiara la contraddizione di chi fa un certo tipo di lavoro, magari infarcito di temi sociali, che però non è per tutti, non è popolare. È vero che ci sono davvero poche tutele nel nostro ambiente, quindi, a un certo punto, si finisce a pensare a sé stessi e alla propria sopravvivenza. Ma di colleghi che conosco, anche molto impegnati, che si sono resi disponibili a collaborare e a darci una mano, ne ho visti davvero pochi".

La Brigata Brighella ha continuato e continua a praticare quelle che ha chiamato *incursioni teatrali*. La sostenibilità economica del progetto è affidata principalmente al volontariato e a qualche donazione. In sordina, scemato l'effetto mediatico della presenza di Paolo Rossi, ampiamente riportata dai giornali, il *Dopolavoro Stadera* va alla ricerca del suo teatro sul campo. Anche se ancora agli inizi, la sua pratica sembra incrociare esigenze e bisogni sempre più presenti nella scena contemporanea: la necessità di uscire dalle forzature imposte dall'edificio teatrale; la volontà di incontrare davvero un pubblico nuovo; una visione del teatro che va oltre il momento dello spettacolo. Come ogni esperienza realmente indipendente, cerca di darsi una struttura senza per questo dover rinunciare alle proprie ragioni.

"Spesso, quando nel lavoro passi da un livello all'altro, rischi di perdere il contatto con l'origine", dice Vlad Scolari. "La nostra fortuna è che siamo una comunità in cui ci sono persone che continuano a fare teatro come un contorno nelle loro vite, e altre che si buttano di più dentro la professione. Cerchiamo di inserire sempre, in ogni progetto, qualcuno che sta iniziando. Di non escludere chi vuole partecipare perché non è formato, perché non è professionista, perché non è iscritto a chissà quale albo e magari è meno bravo degli altri. Se perdessimo questo, dopo un po' perderemmo proprio l'anima del lavoro. Che è la sola cosa che tiene davvero insieme".

Dani Manfredini, *La crociata dei bambini*, 1984.
Foto di Giuliano Spagnul

Con Danio

A fine aprile 2021 teatri e luoghi di cultura iniziano a riprogrammare i primi spettacoli. Bar e ristoranti riaprono, esclusivamente all'esterno. Seduto a un tavolino sul Naviglio Grande, Danio Manfredini sta parlando. Ha cominciato a cadere una pioggia leggera. Dice di vedere attorno a sé sempre più persone dipendenti da sostanze di vario genere, alcool e droghe. Pensa che le persone che cadono in una dipendenza abbiano una vitalità estrema, senza essere in grado di tradurla in altri canali; forse intende nel teatro, forse altrove. "In questi mesi ho sentito molti colleghi parlare di quanto gli sia mancato andare in scena. A me non è mancato. Ci sono andato tutti i giorni, in sala prove. Semplicemente non mi guardava nessuno."

Nato nel 1957, Manfredini ha avuto una carriera densa di riconoscimenti. Si è formato negli ambienti del terzo teatro, in particolare con Iben Nagel Rasmussen e César Brie, e con attori grotowskiani come Ryslazd Cieslak. Ha vinto tre premi Ubu, per *Miracolo della Rosa* (1989), *Al presente* (1999), e *Cinema Cielo* (2004). Nel 2013 ne ha vinto un quarto, alla carriera, sebbene sia ancora di là dal finire. Ha diretto per tre anni l'Accademia d'Arte Drammatica del Teatro Bellini di Napoli. Ha collaborato, anche se di rado, con artisti di primo piano, quali Pippo Delbono, Raffaella Giordano e il Teatro Valdoca. Il suo nome torna frequentemente nei racconti di molti artisti milanesi di generazioni successive alla sua, sia per l'impatto dei suoi lavori, che continuano ad abitare la memoria di chi li ha visti, sia per la costante attività di formazione praticata in tutta Italia attraverso numerosi laboratori.

Nonostante Manfredini possa essere considerato uno degli artisti più importanti del teatro italiano, il suo lavoro è stato negli anni scarsamente accessibile, i suoi spettacoli poco replicati, i percorsi produttivi complessi da costruire e spesso segnati da grosse difficoltà. Soltanto nell'estate 2021, per la prima volta, un suo spettacolo, *Nel lago del cor*, è stato ospitato in due fra i più prestigiosi contesti teatrali nazionali, il Piccolo Teatro di Milano e la Biennale di Venezia (diretta da Ricci e Forte), in sale dalla capienza decimata per le restrizioni anti Covid 19.

Ciò che rende complesso il rapporto fra Manfredini e il sistema produttivo e distributivo è la sua concezione del tempo, in particolare del tempo della creazione. Per fare uno spettacolo ha bisogno di molte prove, se non può averne a sufficienza preferisce non realizzarlo. Negli ultimi anni il periodo di allestimento concesso dai teatri, anche per produzioni di un certo livello, si è assestato sui 30-40 giorni: quanto basta per chiudere un lavoro, ma non per farne uno di qualità. La resistenza di Manfredini a questa tempistica da catena di montaggio lo condanna a una certa inevitabile marginalità. "Di recente mi hanno chiesto, ma perché tu resti ai margini?", dice Manfredini. "Se stai al centro devi guardare tutti, e tutti vedono te. Se stai ai margini, hai una visione". Dentro questo continuo sottrarsi, la voce di Manfredini si esprime di rado pubblicamente, misurando le parole, con un caldo tono grave.

"Quando mi chiamano maestro sono sempre imbarazzato", dice Manfredini. "Io so delle tecniche. Non vuol dire essere maestri. So male l'inglese, c'è un altro che lo sa meglio di me, parla una lingua, la può usare, quindi ha una tecnica. Conosco tecniche riguardo al movimento, tecniche riguardo alla voce, e le uso. Ma ogni volta che ti trovi davanti alla creazione, sei nel nulla assoluto. Forse quello che ho imparato è a bussare. Forse un maestro è chi ha imparato a bussare a una porta e aspettare che una scena, un dettaglio, lasci eventualmente filtrare uno spiraglio, qualcosa che vale la pena di aprire. Una scena teatrale per me è un rebus che non risolvo per giorni e giorni, finché non si apre una strada per cui riesco a stare dentro quel gioco. Non lo so mai prima, lo scopro durante il lavoro. Perché altrimenti metterei in scena delle idee, ma le idee sono tutte molto più piccole rispetto alla vera potenza, o potenzialità, che è il teatro".

Ai suoi inizi Manfredini lavora al di fuori di ogni sistema, immerso come molti nella fucina deregolamentata e anarchica dei centri sociali, dal Leoncavallo alla Stecca, in quartiere Isola (ormai demolita per far posto alla gentrificazione del quartiere). Fa le prove anche nei locali dell'Unione Sindacale Italiana di viale Bligny. Sono spazi che hanno consentito di attivare processi di formazione e creazione in contesti produttivi totalmente liberi. Chi li frequentava di solito affiancava al teatro altri mestieri, per guadagnarsi il pane. Per anni Manfredini ha lavorato nel contesto delle comunità psichiatriche, esperienza poi filtrata e riattivata in *Al Presente*, assolo in cui l'attore, immerso in uno spazio bianco, si relaziona con un manichino/doppio a grandezza umana.

"Ci ho messo tre anni a fare *Al presente*", dice Manfredini. "Lo spettacolo dura un'ora. Tre anni per districarmi in una materia che poi si è sviluppata in quel modo. Per me il processo di lavoro è lungo perché riguarda sempre gli incroci della vita, cosa ti sta accadendo, cosa stai elaborando dentro di te, che cosa poi si traduce in una forma di arte, in un caos, da cui si dipana... chiamiamola un'urgenza, un'urgenza che viene più alla luce. Non dico che il mio modo di procedere sia quello giusto, ma è il mio. In quel periodo avevo accesso a un mercato relativo. Giravo, ma non facevo queste grandi tournée. Mi appoggiavo ad alcuni organizzatori, per esempio il Baule dei Suoni a Bologna, poi Natalia di Iorio. Alla fine, ho scelto di lavorare per dieci anni all'E.R.T., in Emilia-Romagna".

Farsi produrre da un Teatro Stabile è necessario per non lavorare da solo. I nuovi progetti di Manfredini chiedono più attori, un impianto scenografico. In quegli anni era ancora possibile, con notevoli insistenze, ottenere del tempo. *Cinema cielo* (2003), inquadratura della sala di un cinema porno in cui si mescolano testi di Jean Genet e frammenti di fragilità umana, viene provato per 150 giornate. Il successivo *Il sacro segno dei mostri* (2007), in cui Manfredini rielabora la propria esperienza di insegnante di pittura negli ospedali psichiatrici, quasi 120. La paga giornaliera non è alta, circa 50 euro netti; quel che serve per mangiare, spostarsi, vivere, e dedicarsi a un processo tanto lungo.

Allora l'E.R.T. era diretto da Pietro Valenti, che lo posizionato come una delle più innovative e importanti strutture teatrali italiane; nonostante ciò, e nonostante l'ottimo rapporto fra i due, le esigenze artistiche di Manfredini sono sovradimensionate anche per questa struttura. Il *Sacro Segno* va in tournée per un anno, poi il teatro ne raddoppia il cachet, forse per stimolare la creazione di un nuovo lavoro, in tempistiche più in linea con il mercato. Manfredini decide di interrompere la collaborazione e migra alla Corte Ospitale di Rubiera, centro di produzione e residenza diretto da Walter Zambardi (e, in seguito, da Giulia Guerra), ricavato dalla riqualificazione di un antico monastero. Lì trova una sala in cui provare, senza la pressione di dover mandare in scena una nuova creazione all'anno.

"Ho fatto *Il principe Amleto,* ci ho messo tre anni a farlo", dice Manfredini. "I produttori mi hanno abbandonato, perché non lo finivo. Ho usato tutti i miei soldi per portarlo a termine. Ai teatri costava una cifra modesta, considerando la presenza di sette attori e un tecnico. Ha fatto nove repliche. L'ho rivisto di recente in video, ho pensato che abbiamo fatto un buon lavoro. Pietro Valenti diceva che era difficile vendere il mio teatro, perché secondo gli operatori smuoveva troppo emotivamente. Sarò fragile, ma il mio stato psicofisico ha dei limiti. Mi dicono: devi stare in scena un mese con *Al presente.* Ma io non posso stare in scena un mese con uno spettacolo. Smuove il pubblico, ma smuove anche me, mentre lo faccio. Tanti sostengono che in scena non devi sentire. Io invece sento, e dopo un po' quel sentire diventa una forma graffiante. Un cantante lirico fa quattro repliche e poi ha bisogno di tre giorni di pausa. Noi abbiamo bisogno di riposare la psiche".

Oltre a *Il principe Amleto* (2012) Manfredini realizza alla Corte Ospitale altri spettacoli. *Vocazione* (2014), meditazione e grido attorno al mestiere dell'attore, è il lavoro che fa più repliche, forse perché la scena è condivisa soltanto dalla presenza discreta, con il volto celato da maschere di lattice, di Vincenzo Del Prete. *Luciano* (2017), che mette in scena le allucinazioni di un personaggio costretto ai margini dalla società, porta in scena cinque attori e ha bisogno di due tecnici. Nonostante l'ottima ricezione critica si arena dopo quindici repliche. Dentro *Nel lago del cor* (2021) lavorano in quattro: Manfredini, il musicista Francesco Pini e due tecnici. Lo spettacolo si muove con un cachet che spesso viene considerato troppo alto. Nonostante quattro premi Ubu, Manfredini non può chiedere cifre che per attori con all'attivo qualche passaggio televisivo sono la normalità.

"Capisco bene la deviazione che ha fatto Grotowski verso il teatro delle sorgenti, una dimensione non legata alla performance, a una forma di intrattenimento, ma a una condizione della coscienza", dice Manfredini. "Ho continuato a fare teatro sempre con mille dubbi. Perché da un lato c'è la strada che percorriamo, dall'altro c'è davvero una domanda sulla coscienza, sulla coscienza dell'essere umano. Il teatro lavora sulla memorizzazione, lavora sul passato, sul mettere in scena cose avvenute. Sul mettere in scena forme che raccolgono esperienze umane trascorse. Ma la coscienza avrebbe bisogno di lavorare anche su altri piani. Paradossalmente, quando siamo nello spettacolo, siamo molto anche nel presente: al presente, dentro quella forma che rappresenta un passato. Io faccio delle esperienze chiuso in sala, non le vede nessuno, ma faccio delle esperienze, per me hanno un valore. Il teatro non esiste solo quando c'è il pubblico, il teatro esiste anche senza, come pratica percettiva. Poi c'è un momento in cui codifichi una forma, che chiamiamo spettacolo. Rendi lo spettatore partecipe di un viaggio che attraversi. Questa condivisione non ci risolve l'esistenza, ma ci mette in comunicazione col fatto che tutti abbiamo un rapporto con grandi questioni legate al condizionamento della mente, siamo infelici anche per questi condizionamenti, non riusciamo a registrare, a comprendere davvero, ad accogliere, vogliamo saltare fuori, lottiamo o siamo in conflitto. Un maestro indiano diceva che la vera arte sta nel mettere tutte le cose al loro posto. Può succedere, nella vita come nel lavoro teatrale: parti da un caos e piano piano tutte le cose vanno al loro posto. Condividere è interessante per me. Purtroppo, l'arte teatrale è molto collegata al mercato, alla competizione, *mors tua vita mea*, se perdi tu vinco io, e dal mio punto di vista questo elemento è disumano. Se vai in ospedale e vedi il personale medico che lavora, non so, l'infermiere che ti sta aiutando, tu gli stai dando lavoro, ma insieme state facendo esperienza. Sono dei processi in cui c'è dell'umanità, in qualche modo. Anche nel teatro c'è questo, c'è nella possibilità di persone che lavorano insieme, che imparano a lavorare insieme... ma il sistema che accoglie tutto questo, le scritture, i premi, il fatto che se entri in stagione tu non entra qualcun altro... il sistema crea competizione, la sfrutta, e così facendo mina il vero valore dell'esperienza, dell'esplorazione delle cose".

Danio Manfredini è nello stesso istante il sintomo di una malattia probabilmente grave che affligge il sistema teatrale italiano, incapace ai più alti livelli di pensarsi diverso e di sfuggire alla tirannia dei numeri e delle carte bollate, e un punto vibrante che tiene in vita l'idea di una pratica teatrale come forma di vita e interrogazione continua sugli strati più profondi del nostro essere. Pensarlo in una stanza o in una sala prove impegnato ogni mattina in un training fisico e mentale ha il sapore *dell'exempum* diffuso, un tempo, nella letteratura medievale. Volendo spingersi in territori meno noti, si può pensare che la sua pratica, sebbene solitaria, abbia un concreto effetto sulla realtà. Si può pensare che lo stesso effetto lo abbiano tutte quelle persone che, da sole o in piccoli gruppi, si chiudono in uno spazio protetto per fare qualcosa con il proprio corpo, la propria voce e lo spazio. Con o senza la finalità di mostrare il risultato a un pubblico.

La voce di Danio Manfredini continua a risuonare, e ha più cose da dire di quante se ne possano aggiungere:

"Ho ricevuto proposte in questi anni, come: ti do un testo, ti do trenta giorni, ti do dieci attori. Fai la regia. Ma ti arriva un testo che non ti interessa. Dieci attori che non sai chi sono. Invece è importante darsi il tempo di capire con che materiale umano vai a lavorare. Trenta giorni. Anche se avessi un testo buono, e dieci attori buoni, io non sono in grado di fare un buon lavoro in trenta giorni."

"Non è solo la memoria. La memoria è il grado minimo del nostro mestiere. Il resto è come fai il lavoro scenico, che vuol dire attori, che vuol dire azioni. L'invenzione di una macchina che è oltre il testo. La vita è fatta di camminare, andare, guardare, oggetti, piatti, un fiumicciattolo, silenzio, e poi qualche parola. E anche il teatro potrebbe essere fatto, come dire, di elementi e poi qualche parola. E invece la parola domina su tutto e il resto sparisce. A volte potrei anche non guardare quello che succede in scena, perché non succede niente, se non dire, parlare. Posso anche guardare per terra, ascoltare come alla radio, ma manca il lavoro dell'attore, manca il lavoro del regista."

"Io, Danio, sono consapevole che butto lì quella cosa e ci cado dentro. Ho delle ragioni per caderci. Ma quando stacco, quando chiudo lo spettacolo, ho una domanda aperta sul rapporto con la coscienza. O su come vivere tutti quei momenti della tua vita, della tua giornata. Ed è in questo senso che il teatro è un'arte che può avere una forte interlocuzione con chi decide di venire a vederlo."

"Si tratta anche di mettere le persone nella condizione di imparare a lavorare insieme. E questo non è scontato, anche se si lavora su tematiche

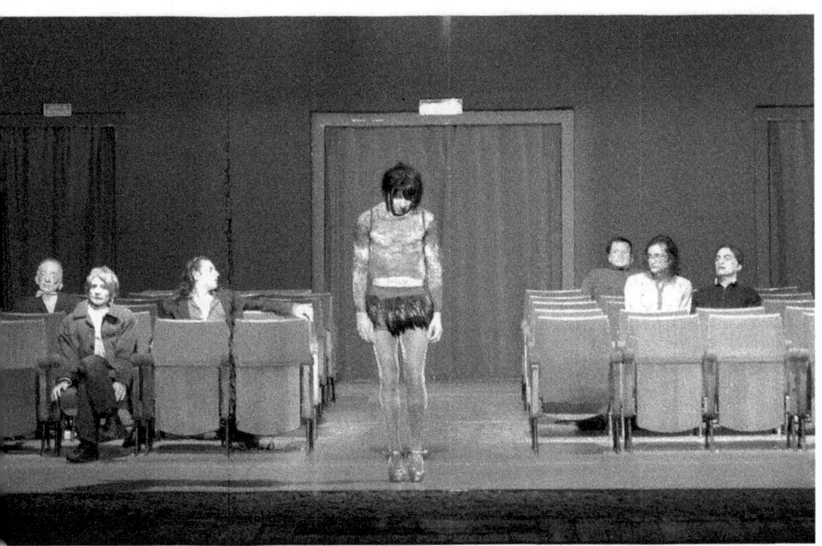

Dani Manfredini, *La crociata dei bambini*, 1984.
Foto di Giuliano Spagnul

umane. Devi imparare a contemplare i caratteri. Lavorare con attori è stato difficile per me, ma molto interessante. Ti scontri con chi non è in orario, con chi ha una malattia, con chi ha qualche disagio psichico, con chi non è corretto. E ci sono persone meravigliose, molto disponibili, molto aperte, molto appassionate. Incroci l'umano da tanti punti di vista e anche tu impari a lavorare insieme a quelle persone. È questo il lavoro, aprire delle domande, pure nelle inconsapevolezze in cui ci muoviamo. Ogni attore è un po' incuriosito anche dal lavoro sulla coscienza. Allora qualcuno magari diventa buddhista, ma questo rivela solo il fatto che c'è una domanda aperta. L'attore, il regista, è qualcuno che ha una domanda sempre aperta nella coscienza."

"Quando incontro persone che vengono dalle Accademie nei miei seminari – in genere le prendo sempre – capisco che hanno a che fare con la materia, sono stati in contatto col teatro; quindi, ovvio, fra chi ha fatto due laboratori in croce e chi tre anni otto ore al giorno c'è una differenza.

Dani Manfredini, *Luciano*, 2017

A volte trovo persone molto aperte, a volte molto chiuse. A Milano a un seminario in tre si sono ritirati dicendo che il gruppo era di basso livello e loro avevano già un'Accademia alle spalle. A Venezia in tre si ritirarono il primo giorno perché con il loro insegnante stavano seguendo il metodo Vassiliev, io li confondevo. Tutto questo mi colpisce, perché la formazione è sempre un momento di incontro. Non ti costringo a essere come io voglio. Ti propongo un approccio che puoi discutere, puoi valutare se rientra fra le tue vibrazioni creative o no. A Venezia dissero anche che era inaccettabile che io suggerissi le azioni agli attori. Se le facessero, ho detto, farei a meno di suggerirle. Se non le fanno, provo a suggerire una strada. Io posso dirti come mi capita di procedere. Tu puoi prenderlo in considerazione, e poi se vuoi andare in un'altra direzione."

"Non faccio il training tanto per fare. Se faccio una prova, ho una replica a breve, so che devo scaldarmi, almeno un'ora prima, è un training finalizzato a qualcosa. Una pratica quotidiana, sì, se riesco la faccio. Ho una piccola cantina, quando sono a Milano mi metto lì e lavoro un po', cerco comunque di tenere accesa quella fiammella di lavoro. Posso dire che ci si trova a contemplare l'aspetto training in rapporto all'evoluzione del corpo, perché un training che fai a vent'anni, trenta, quaranta, è diverso da quello che fai a sessanta. Capisci che non è una dimensione prettamente fisico/vocale. È una dimensione percettiva."

"L'unica cosa che posso dire è che osservo ogni giorno se la mia direzione è naturalmente quella di praticare il teatro o no. Osservo se la mia spinta continua a riversarsi in quella direzione oppure no. Forse sono condizionato da una sorta di ossessione, da una malattia che mi porto dietro. Tuttavia l'ostrica dalla sua malattia produce le perle. A cosa servono le perle, a indossarle? Hanno una loro bellezza, è necessaria? No. Anche un fiore non sembra necessario eppure allieta l'esistenza.

Tutto, partecipa."

Di recente Danio Manfredini ha lasciato anche la Corte Ospitale, in cerca di nuovi luoghi che gli corrispondano. Sotto la pioggia, continua a tenere accesa la fiammella di un teatro realmente indipendente.

Giancarlo Migliavacca in Calgografia IT Festival di Circolo Bergman, Milano 2016
Foto di Simona Giuggio

Nota ex post

Scrivere le pagine che compongono questo libro mi ha posto due problemi. Il primo è di opportunità: la materia di cui tratta è una storia collettiva che ho vissuto in prima persona insieme ai miei colleghi, persone che, chi più, chi meno, mi capita di incontrare e frequentare. Il secondo è di posizione: essendo anche io parte di questa storia, credo sia corretto dire come e dove l'ho attraversata.

Ho aggirato il primo problema pensando che, se ho trovato utile gettare uno sguardo sugli ultimi vent'anni di teatro indipendente a Milano, in particolare in un periodo in cui la pandemia invita a ripensarsi nel profondo, forse lo avrebbe trovato utile anche qualcun altro.

Il secondo lo risolvo assumendo la prima persona in una nota a margine, che considero di fatto slegata dal resto. Voglio rassicurare un eventuale lettore che, laddove non fosse interessato, saltare le pagine seguenti non toglie nulla alla sostanza di questo testo.

Ho iniziato a fare teatro a sedici anni ad Acqui Terme, una piccola città nelle colline dell'Alto Monferrato. All'epoca non c'era modo di vedere uno spettacolo professionale, ma erano attive sul territorio una serie di compagnie amatoriali valide. Ho seguito un primo corso tenuto da Paolo De Petris e Franco Ravera (che qualche anno dopo avrebbe lasciato il lavoro per dedicarsi alla professione, arrivando a recitare con Peter Stein). L'incontro fondamentale fu quello con Laura Gualtieri ed Enzo Buarné, che animavano il Teatro del Rimbombo. Enzo faceva l'operaio e dedicava tutto il suo tempo libero alla scrittura e al teatro: la sua era una scelta politica, perché era un attore di talento, che avrebbe senza dubbio trovato posto sui palcoscenici nazionali. Era anche una persona in grado di trasmettere la passione per quello che faceva e di creare una comunità di persone che, con piacere, lavoravano insieme per un obbiettivo comune. Sono stati anni appassionanti, in cui ogni momento non occupato dalla scuola o dallo studio era speso nelle prove e nelle repliche degli spettacoli.

Enzo è scomparso prematuramente nel 2016, ma Laura Gualtieri continua a far vivere il Teatro Del Rimbombo al Piccolo Teatro Enzo Buarné di Castelnuovo Bormida. Ancora oggi, la forza di questa realtà è la comunità di persone che la segue, che partecipa, tenendola in vita giorno dopo giorno. Penso sia per la memoria delle sensazioni provate in quegli anni che continuo ad affiancare all'attività professionale l'insegnamento in corsi amatoriali, nei quali le persone fanno teatro per puro piacere, senza finalità di guadagno o di inserimento professionale: da queste situazioni continuo a trarre energie vivificanti.

Mi sono diplomato in Regia alla Civica Scuola di Teatro Paolo Grassi, dove ho avuto la fortuna di studiare con Loredana Parmesani, che mi ha insegnato a comprendere un'opera d'arte visiva, con Renata Molinari, che mi ha insegnato a leggere un testo, e con Massimo Navone, che mi ha insegnato a metterlo in scena. Con Navone ho poi lavorato per diversi anni, sia come assistente nei suoi spettacoli, sia alla Scuola Paolo Grassi, che ha diretto per dieci anni. Senza dubbio debbo alla sua intelligenza e alla sua cura molto di quello che ho fatto in seguito.

Il primo lavoro professionale è la regia di *Bent* (2004) di Martin Sherman, un testo che tratta il tema degli omosessuali nei campi di concentramento nazisti, messo in scena in un ex macello al Mittelfest di Cividale del Friuli. Dopo alcune messe in scena di autori contemporanei, come molti, ho fondato una compagnia con un compagno di scuola, l'attore Tiziano Turci. Nel 2007 debuttiamo alla Biennale di Venezia diretta da Maurizio Scaparro, con una riscrittura contemporanea della *Bottega del caffè* di Goldoni, prodotta da Tieffe Teatro.

Nel 2008, sempre con la produzione di Tieffe Teatro, presentiamo a Mittlfest uno degli spettacoli a cui sono più legato: *Bauman (Zugmunt) Circus*, una composizione di frammenti, improvvisazioni e linguaggi estremamente libera e gioiosa. Cinque musicisti in scena, diretti da Nicola Arata, e una compagnia composta da una ballerina e quattro attori di diversa nazionalità. Il francese Charles Uguen impara l'italiano per l'occasione. L'attore senegalese Mohamed Ba, prossimo ai cinquant'anni, viene segnalato al Premio Ubu dal critico Franco Quadri, come miglior attore emergente: fu l'unica segnalazione, ma rimane comunque una soddisfazione.

Circolo Bergman, *Dècade, città possibili*, 2019. Foto di Paolo Porto

Saltando qualche anno e diversi lavori, la compagnia si scioglie per insanabili questioni personali. Resta comunque la voglia di muoversi nel teatro con una struttura agile e indipendente, che permetta di seguire il proprio interesse e la propria curiosità. Insieme a Sarah Chiarcos, direttrice di palcoscenico e drammaturga, e poi al musicista Marcello Gori, fondiamo nel 2013 il collettivo Circolo Bergman.

Per questa formazione è molto importante la partecipazione a IT Festival. La formula dell'evento permette di presentare e verificare con il pubblico, sebbene in un regime di totale autoproduzione, frammenti di lavoro atipici, senza correre il rischio di bruciare investimenti in una produzione più complessa o di veder cadere lo spettacolo in un contesto più ufficiale. Circolo Bergman presenta al festival tre studi: *Werther (o dell'assoluto)*, una performance con gli spettatori in cuffia, che inizia nello spazio pubblico e termina con un'azione in sala; *Calcografia*, spettacolo che recupera il lavoro orami perduto della tipografia meccanica, portando in scena l'ex lavoratore ottantenne Giancarlo Migliavacca e il suo torchio; *Bilderatlas*, tentativo di costruire un atlante della memoria contemporaneo attraverso le immagini quotidianamente pubblicate sui social network, che ha visto in scena nelle varie edizioni Sarah Ātman, Alberto Baraghini, Roberto Pavani e la gallerista Rossana Ciocca. Con questi lavori si definisce un approccio alla scena che mescola performer professionisti e non professionisti; l'inserto nella drammaturgia di elementi biografici di autori e attori; la predilezione per spazi non teatrali. Tutti questi lavori trovano, a partire dal festival, coproduzioni e ospitalità in diversi teatri, come MTM Manifatture Teatrali, Teatro i, Teatro Franco Parenti, ZONA K.

Parallelamente Circolo Bergman specifica il suo interesse per progetti site e context-specific, con diversi interventi realizzati in stretto rapporto con luoghi e comunità. Fra questi sono almeno da ricordare la trilogia commissionata e prodotta da Pergine Festival sulla memoria della città, composta da *Macinante* (2016), *Via San Pietro 4* (2017) e *Stanze* (2018); e *Dècade, città possibili* (2019), commissionato e prodotto da Arti e Spettacolo per il decennale del terremoto a L'Aquila: lo spettacolo, andato in scena nei giorni della commemorazione e replicato successivamente più volte, è una camminata immersiva che accompagna gli spettatori attraverso le vie ricostruite della città, nella zona rossa, in un appartamento privato. Il lavoro nasce da diversi mesi di ricerca e da più di sessanta ore di interviste.

Lo spettacolo *Via San Pietro 4* è un percorso in cuffia all'interno dell'ex Ospedale Psichiatrico di Pergine. Gli spettatori attraversano diversi spazi, immersi ora nel parco in cui sorgono i numerosi padiglioni, ora in interni, come una sala d'aspetto del moderno ospedale che ha preso il posto dell'Ex-Op. All'interno del lavoro agisce come performer il pittore Andrea Fontanari.

Al primo incontro, da cui avrebbe preso avvio il lavoro di ricerca e composizione drammaturgica, Lorenzo Gasperi, primario di psichiatria all'Ospedale Borgo Valsugana, ci ha accolti freddamente. Ci ha visti come il solito gruppo di artisti che sarebbe calato sugli archivi e sulla memoria del luogo vampirizzandone i contenuti. Scoprimmo che il territorio subiva l'immagine sempre e solo negativa e disturbante con cui veniva raccontata la più grande struttura psichiatrica del Nord-est italiano, tanto che il ricorso

Circolo Bergman, Via San Pietro 4, Pergine Festival 2017
Foto di Romano Magrone

al sostegno psicologico aveva una media sensibilmente più bassa che in quella zona nel resto del Paese. Decidemmo di focalizzarci su un aspetto poco trattato: il lavoro all'interno della struttura, e il rapporto simbiotico che si era creato negli anni fra l'Ospedale e la città che gli cresceva attorno. Nel tempo, come spesso accade in questo tipo di lavoro, la collaborazione con la struttura ha prodotto un clima di fiducia reciproca.

In uno dei padiglioni dell'Ospedale è presente una R.E.M.S., una Residenza per l'Esecuzione delle Misure di Sicurezza, struttura sanitaria che accoglie gli autori di reato affetti da disturbi mentali, che ha sostituito in anni recenti gli ospedali psichiatrici giudiziari. La palazzina ha un'ampia terrazza, separata dal parcheggio dell'Ospedale da un vetro trasparente molto alto. È straniante camminare nel parco e osservare la quotidianità di persone che sono, di fatto, dei detenuti.

Un'ordinanza della provincia si era occupata proprio di questo vetro. Vi si poteva leggere, tra l'altro: "Premesso quanto sopra, si interroga il presidente della Giunta Provinciale per sapere: chi sia l'ideatore della soluzione che di fatto adibisce il cortile esterno della R.E.M.S. a una sorta di gabbia da zoo, o di acquario per pesci, ossia spazio dedicato all'osservazione dei soggetti ivi reclusi. Se vi sia la volontà di porre rimedio a tale disdicevole situazione. Quali siano le misure di rispetto della privacy, accolte nella R.E.M.S. e chi sia il loro estensore".

Lo spettacolo terminava di fronte al vetro, con una riflessione sul margine sottile che separa il dentro e il fuori, le vite che scorrono entro confini dell'ordinamento sociale e quelle che, per un motivo o per l'altro, devìano in altre direzioni. Il testo dell'ordinanza era riportato. Il primo a sentirlo fu un gruppo di psichiatri altoatesini, per i quali era stata organizzata un'anteprima del lavoro ancora non finito. Il finale era emotivamente molto forte, alcuni lo ritennero valido, altri eccessivamente disturbante. Floriana Luisa Giraudo, psichiatra che lavorava all'interno della R.E.M.S., disse che sarebbe stato importante condividere quel materiale con gli ospiti. Lorenzo Gasperi fu d'accordo, e ci aprì le porte di uno spazio che, fino ad allora, avevamo osservato solo dal di fuori.

Distribuite le cuffie, abbiamo ascoltato il testo insieme alle persone di cui parlava. Il silenzio seguito all'ascolto venne interrotto da un uomo grande e grosso, dalla voce gentile, che disse: "Solo una cosa mi ha fatto male. Dite che qui sono recluse delle persone riconosciute incapaci di intendere e di volere. Ma noi siamo stati riconosciuti incapaci di intendere e di volere al momento del fatto. Non siamo pazzi. Lo siamo stati una volta, al momento del fatto". L'osservazione era esatta, e il testo fu modificato. Abbiamo parlato ancora a a lungo. Gli ospiti sapevano quello che stava succedendo, quello che diceva il testo, gli orari in cui gli spettatori sarebbero arrivati. Potevano decidere se sottrarsi al loro sguardo o meno.

Alcuni di loro considerarono quello spazio una possibilità di relazione da usare. Ad ogni replica, aspettavano gli spettatori, li guardavano negli occhi, a volte li salutavano con la mano. Una sera organizzarono una cena in terrazza. Separati dal vetro, distanti pochi passi ma a chilometri di distanza, due gruppi di persone stringevano per alcuni minuti una intensa relazione.

Nessuno ha mai applaudito alla fine dello spettacolo, e questa era una forma di comprensione e rispetto.

Questa sorta di performance, originata dal nostro lavoro, ma sostanzialmente fuori dal nostro controllo, codificata in un limite temporale, ma totalmente libera, è la migliore scena teatrale che mi sia mai capitato di realizzare, seconda soltanto ai sei minuti di ascolto collettivo all'interno della R.E.M.S..

Questo episodio, significativo per me e pochi altri, rappresenta con esattezza quello che cerco nel teatro: un incontro trasformativo. Un teatro usato per *fare* realtà. Come scrive Grotowski, un'arte come veicolo, per attraversare le frontiere fra un te e un me.

Oltre a questo, raccontare questa scena è il modo migliore per dare conto di quanto ho scelto di raccontare del teatro indipendente a Milano, consapevole che ci sono altri gruppi, artisti e spettacoli che meriterebbero altrettanta attenzione.

Fuoriscena
Teatro indipendente a Milano
di Paolo Giorgio

postmedia books 2022
174 pp.
isbn 9788874903108

ringraziamenti:

Questo libro non sarebbe nato se Varinia Poggiagliolmi non avesse pensato che fosse utile un volume su certe esperienze del teatro indipendente milanese e non avesse deciso di propormi di scriverlo. Alla Sartoria editoriale va un grande ringraziamento, anche per aver pazientemente sopportato i miei continui ritardi. Rossella Terragnoli è stata fondamentale nell'aiutarmi a sbobinare un numero importante di ore di interviste. Senza il suo aiuto, non sarei mai arrivato alla fine. Ringrazio tutte le persone che mi hanno dedicato parte del loro tempo, sia per le lunghe conversazioni, sia per avermi fornito il materiale fotografico relativo al loro lavoro e avermi segnalato errori e imprecisioni nel testo. Infine, non avrei mai scritto queste pagine senza il sostegno, la cura e il costante incoraggiamento di Francesca Guerisoli. A lei va il ringraziamento più grande.

Finito di stampare nel mese di gennaio 2022
presso *Sartoria editoriale*, Milano

Postmedia Srl

www.postmediabooks.it

www.ingramcontent.com/pod-product-compliance
Ingram Content Group UK Ltd.
Pitfield, Milton Keynes, MK11 3LW, UK
UKHW021936190726
13853UKWH00004B/1484

9 788874 903108